KB212792

사념처 명상과
참선수행

사념처 명상과 참선수행

최상의 행복으로 가는 길

여의주
지음

운주사

머리말

인간은 왜 사는 걸까? 행복하기 위하여 산다. 생명 있는 모든 생명체의 삶의 목표는 행복한 삶이다. 한 생명체로 태어났으면 행복할 권리가 있고, 행복하기 위하여 노력할 책임이 있다. 그렇지만 행복한 삶은 그냥 살다보면 저절로 오는 것이 아니다. 행복은 무엇이며 어떻게 살아야 행복한 삶을 살 수 있는지 열심히 탐구하고, 행복한 삶을 살기 위하여 노력해야 행복한 삶을 살 수 있다. 행복하게 살 수 있는 길을 명확하게 제시할 수 있는 사람이 인류의 스승이다.

그렇다면 인류가 추구해 온 행복한 삶에는 어떤 것들이 있을까. 세상의 보통사람들이 추구하는 행복은 사회적 성공이다. 열심히 공부해서 좋은 대학 나와 부와 권세를 잡고 잘 먹고 잘 자며 종족을 많이 퍼트리는 것이다. 사회적 성공도 노력해야 얻어지는 것이지만, 사회적으로 성공해서 부자가 되고 대통령이 되어도 잠시 잠깐은 행복할지 모르지만 변함없이 행복하지는 않다. 세상은 끊임없이 변화하고 인생은 생로병사하기 때문이다. 나는 잠시잠깐의 행복을 위한 삶은 살고 싶지 않다.

신본주의 종교인 기독교에서 추구하는 행복은 어떻게 사는 삶일까. 하나님의 종으로서 신을 믿고 신에게 기도하며, 원수까지도 사랑하여 왼뺨을 때리면 오른뺨을 내주는 아량과 오른손이 하는 선행을 왼손이 모르게 하는 사랑으로 살면 영생을 얻고 천국에 태어나 행복한 삶을 살 수 있다고 한다. 삶의 목표가 현재의 행복이 아니라 죽은 후의 영생이다.

원죄를 가지고 태어난 인간이 과연 원수까지도 사랑할 수 있을까? 예수님은 가능할지 모르지만 보통사람들은 불가능하다. 따라서 예수님은 천국에서 영생할지 모르나 원수를 사랑할 수 없는 보통사람들은 천국에 태어날 수 없다. 원수를 사랑하는 마음으로 살다가 십자가에 못 박혀 돌아가신 예수님의 최후를 보면 도저히 행복한 삶이라고 볼 수 없다. 십자가에 못 박힌 고통이란 그 어떤 말과 글로도 표현할 수 없을 것이다. 지금의 현세에서 행복한 삶을 살 수 있어야지, 현세에서 엄청난 고통을 겪고 천국에 태어나 영생하는 것이 인간이 추구해야 할 행복일까? 더구나 기독교적인 삶을 살지 않아도 모든 생명체는 영생한다. 영생하면서 윤회한다. 따라서 기독교적 삶은 인간을 행복하게 하기 어렵다.

유교에서 추구하는 행복한 삶은 어떠할까. 군위신강君爲臣綱・부위자강父爲子綱・부위부강夫爲婦綱 삼강과 부자유친父子有親・군신유의君臣有義・부부유별夫婦有別・장유유서長幼有序・붕우유신朋

友有信 오륜을 실천하면 사회가 행복해지고 개인도 행복해진다고 한다. 인간은 진화하고 세상은 하루가 멀다 하고 빠르게 변화한다. 삼강오륜은 옛날에는 맞는 말일지 모르나 21세기에는 현실성이 떨어지는 삶의 방식이다.

인본주의 종교인 불교에서 추구하는 행복한 삶은 어떠할까. 불교에서 추구하는 행복은 인간에서 한 단계 승화하여 부처가 되는 것이다. 부처로 승화하면 천상과 찬하에서 최상최고의 행복인 열반락涅槃樂을 누릴 수 있기 때문이다. 석가모니의 천상천하天上天下 유아독존有我獨尊은 천상과 천하에서 오직 나 홀로 인간에서 한 단계 승화한 귀한 존재라는 뜻이다. 바꿔 말하면 천상천하에서 가장 행복한 사람이라는 뜻이다.

석가모니는 스스로 부처가 되고 수천 명의 제자들에게 부처가 되는 길을 가르치시고 편안하게 열반에 들었다. 세속에서는 왕자로 태어나 오복을 누렸으며, 생사해탈로 인간에서 한 단계 승화하여 열반락을 얻었으니 누가 봐도 행복한 삶이라 아니 할 수가 없다. 그 누구보다 석가모니가 추구했던 행복이 참된 행복이다.

열반락을 얻으면 생사의 문제를 해결한다.

죽음에 대한 불안공포가 사라진다.

누군가를 사랑하지도 않으며 미워하지도 않는다.

부와 권세에 집착하지 않는다.
그 어떤 부귀영화도 부러워하지 않는다.
근면 성실하게 일을 해서 자신의 능력으로 산다.
번뇌가 소멸돼서 근심걱정이 없다.

부처가 돼서 열반락을 누리려면 소아(불성)를 소멸해야 한다. 기독교적으로 말하면 불성은 원죄다. 원죄를 소멸해야 인간에서 한 단계 승화한 부처가 될 수 있고 부처가 돼야 열반락을 누릴 수 있다.

부처로 승화할 수 있는 길을 불일 보조국사는 돈오점수頓悟漸修, 고 성철 스님은 돈오돈수頓悟頓修해야 한다고 주장했다. 조계종의 종지인 돈오점수는 해오解悟이므로 돈오돈수가 부처가 되는 길이라며 논쟁이 분분하다. 돈오의 뜻이 무엇이고 점수의 뜻이 무엇인지 구체적이며 명확하게 제시하는 것이 쟁점을 해결하는 올바른 길이라 생각한다. 이 책에서 나는 30여년 간 직접 체험하고 깨달은 것을 토대로 왜 돈오점수가 맞는지 구체적으로 설명하고자 한다.

부처로 승화하려면 소아少我를 소멸해야 한다. 소아는 불성佛性과 50단계의 업식과 호흡과 탐진치심이다. 인간의 업식은 화생의 업식 10단계, 습생의 업식 10단계, 난생의 업식 10단계, 태생의 업식 10단계, 인간의 업식 10단계 등 모두 50단계의 업식이 있다. 업식이 있으면 호흡이 있고 호흡이 있으면 살기 위한 탐진치심이 있다.

그러므로 부처가 되려면 화습란태생의 삶을 살면서 지은 50단계의 업식과 호흡, 탐진치심을 모두 소멸해야 하므로 돈오頓悟 후 다섯 차례 점수漸修해야 한다. 인간의 업식은 복잡미묘해서 50단계다. 50단계의 업식은 단박에 소멸할 수 없다. 그러므로 돈오돈수는 틀린 말이다. 송광사 고 구산 스님의 가르침에 따라 돈오점수로 깨달음을 얻은 나는 돈오돈수를 반박하지 않을 수 없다.

『금강경』에서도 부처는 소아가 소멸된 수준에 따라서 수다원, 사다함, 아나함, 아라한, 부처님의 다섯 단계가 있다고 설하고 있다. 인간의 업식을 소멸하면 수다원과의 부처, 태생의 업식을 소멸하면 사다함과의 부처, 난생의 업식을 소멸하면 아나함과의 부처, 습생의 업식을 소멸하면 아라한과의 부처, 화생의 업식을 소멸하면 성불이며 부처님이다. 그러니까 범부와 부처는 의식구조 자체가 다르다. 부처님은 업식이 전혀 없다. 신본주의 식으로 말하면 부처님은 신으로 돌아간 사불事佛이다.

그러면 돈오의 뜻은 무엇인가? 인간의 내면에는 9가지 업식이 있고 그 근원에는 우주의 근본적인 기氣가 있다. 근본적인 기를 청정법신 또는 부처님, 하나님, 우주본체심, 본래면목이라 한다. 9가지 업식을 소멸하고 본체심과 일체가 되면 본체심의 체상용 3법인을 단박에 깨달을 수 있다. 돈오頓悟의 뜻은 출세간의 3대 진리인 3법인을 단박에 깨달았다는 뜻이다. 돈오의 뜻을 확실히 알아야 한다.

그러면 점수漸修의 뜻은 무엇인가? 모든 불자가 점수의 뜻은 보살행으로 알고 있다. 그렇지만 내가 강력하게 주장하고 싶은 것은 점수는 절대로 보살행이 아니라는 사실이다. 점수는 돈오를 다섯 차례 반복하는 것이지 보살행이 결코 아니다. 점수의 뜻을 바르게 알지 못하기 때문에 돈오돈수를 주장하는 것이다.

그렇다면 보살행은 무엇인가? 보살행은 깨닫기 전에 지혜, 위력, 자비, 대행의 4가지 복덕을 쌓아 상근기의 법기(성현)가 되기 위한 수행이다. 법기가 돼야 인간에서 한 단계 승화할 수 있기 때문이다.

해인사에 있는 팔만대장경은 부처로 승화하고 열반락으로 살 수 있는 길에 대해서 설명하고 있다. 그렇지만 대장경은 석가모니 부처님이 직접 쓴 글이 아니다. 석가모니 입멸 후 세월이 한참 흐른 후에 많은 후학들에 의해 '나는 들었노라'를 서두로 경율론 삼장으로 쓰여졌다. 그러므로 경전은 해오解悟다. 경전이 해오인데, 해오를 부처님 말씀이라며 자신의 견해까지 더해서 또 다른 해오를 만들어 가는 불자가 허다하다. 그 결과, 올바른 불교는 실종되어 버렸다.

해오인지 체험한 깨달음인지를 가려 낼 수 있는 안목이 있어야 한다. 보고 싶은 것만 보고 믿고 싶은 것만 믿으려 하지 말고, 이치에 합당한가, 앞뒤가 맞아 일관성이 있는가를 가려낼 수 있는 혜안이 있어야 한다.

사념처 명상과 참선수행

제1강

나의 이야기

나는 나의 내면을 깨닫기 전에는 뚜렷한 인생철학도 없었고 순진해서 이해타산에도 어두웠다. 배우자를 선택하는 안목도 없었다. 참, 한심하게 어리석었다. 남편은 결혼하자마자 쓸데없는 일들을 벌려 놓기 시작했다. 자신의 계획을 상의하는 일도 없고 심사숙고하는 일도 없이 일방통행으로 40년 내내 대책도 없이 잘도 저질렀다. 하늘같이 의지할 수 있는 남편이 아니라 말썽만 피우는 문제아 같았다.

남편이 멋대로 저질렀지만 그 결과는 내가 떠안아야 했다. 때문에 온갖 고통이 엄습해 왔다. 죽을 수도 없고 살 수도 없을 정도로 얽히고설킨 여러 가지 고통이었다. 분명 남편이 저지른 일들로 인해 고통스러웠기 때문에 남편을 원망하지 않을 수밖에 없었다. 남편 탓이라고 미워하고 원망하다 보니 화병으로 해서 미각을 잃다시피 했다. 쓴맛은 거의 느낄 수 없고 먹는 즐거움도 없다. 나를 더욱 화나게 하는 것은 나의 고통을 전혀 모른다는 사실이다. 눈과 귀를 닫고 아예 알려고 하지 않았다. 배우자를 잘못 만나면 백년 웬수라더니 정말 웬수가 따로 없었다. 나를 희생하면서 참고 또 참아야 하는 삶은 지옥이었다. 내 인생을 바꾼 것은 남편에 대한 분노와 처절한 절망이었다.

뼈저린 고통을 당하고 나서야 '인생은 무엇일까? 인생은 어떻게 살아야 행복하게 살 수 있을까?'를 고뇌하기 시작했다. 불교를 알면 인생을 알 것 같았고, 인생을 알면 행복하게 살 수 있을 것 같아서 스님들이 법문하는 곳이면 어디든지 찾아가서 열심히 들었다. 정말 열심이었다. 처음엔 친구 따라 조그만 절에 갔지만 좀 더 배우려고 좀 더 큰 절을 찾다 보니 송광사의 하기 참선수련회에 참가하게 되었다. 참가인원은 6~70명 정도였고 여자는 모두 3명이었다. 5일간의 단기출가였다. 첫째 날은 화두참구에 대한 이론을 조금 배우고 수행하기 시작했다. 화두를 들고 수행하는데 2일째 되는 날부터 오는 날까지 지금까지 경험해 보지 못한 정말 놀라운 선禪 체험을 했다. 이 체험이 무엇을 의미하는지 강렬한 탐구심이 일어났다. 그때의 탐구심이 30년 동안 끊임없이 화두참구를 하게 했다. 혼신의 힘을 다하여 참구하다 보니 현실적인 고통은 잠깐씩 잊을 수 있었다.

송광사는 조계종의 종조이신 보조국사께서 정혜쌍수定慧雙修

구산스님

를 가르치던 도량이고, 보조국사 이후 훌륭한 16분의 국사를 배출한 승보 종찰이다. 마침 그때(1981년) 송광사에는 선지식善知識인 구산 큰스님이 계셨는데 깊은 인연이 있어서 단기 출가 후에도 '이~ 뭐꼬?' 화두참구에 대해 배우게 되었다. 그리고 지금까지 거의 30년 동안 화두참구를 일념으로 하다 보니 나의 내면을 깨달을 수 있었다. 첫 번째 돈오할 때까지는 구산 스님에게 배우고 인가도 받았지만 나머지 점수는 나 스스로 깨달았다.

자기 내면을 깨달으면 출세간 진리인 3법인을 깨달을 수 있다. 3법인을 깨달으면 세간의 법에도 통달하여 어떻게 살아야 바르게 사는 삶인지도 알 수 있고, 마음의 운용을 잘 할 수 있으며 행복지수도 높아진다. 지금은 명철한 인생관으로 행복하게 잘 살고 있다. 원수라고 생각되던 남편은 매를 든 스승이라고 생각하니 원망도 미움도 사라졌다. 지금의 내 행복은 소아를 소멸하고 대아에서 살기 때문에 얻어진 것이다. 구체적으로 말하면 중생심이 사라지고 4바라밀이 드러났기 때문에 생긴 것이다.

물론 처음에는 나도 기복祈福으로 절에 갔다. 그런데 법문을 듣다 보니 석가모니 부처님의 가르침은 마음을 닦아 깨치라는 가르침이지 기복하라는 가르침이 아님을 깨닫고 열심히 마음 닦는 길을 찾다보니 참선수련회까지 참가하게 되었다. 참 내가 생각해도 내가 대견하다. 누구의 조언도 없었는데 나 스스로 바른 길을 찾은 것은 전생에 불교와의 깊은 인연 때문일 것이다. 나의 전생은 800전에 태어나 마음 닦던 비구스님이다. 참선할 때 심우의 단계에서 나의 전생을 알 수 있었다.

사람은 전생에 지은 업의·성적표를 가지고 태어나 성적표대로 살아간다. 전생에 마음 닦던 스님이 이생에서도 마음을 닦는다. 전생에 부자였던 사람이 이생에서도 부자 되고, 전생에 정치했던 사람이나 학자였던 사람은 이생에서도 같은 길을 간다. 현세의 환경에 따라 다른 길을 가다가도 어떤 고통과 좌절이 왔을 때는 전생에 많이 쌓은 잠재력(업)이 발휘된다.

산다는 것은 마음과 말과 행위로 순간순간 쌓아가는 것이다. 마음과 말과 행위가 습관으로 쌓이면 업이 된다. 나쁜 업이 쌓이면 업장이 되고 좋은 업이 쌓이면 복덕이 된다. 지은 업대로 뇌의 구조가 형성되고 얼굴이 형성되고 몸이 형성되고 운명이 결정된다. 전생의 업은 정말 무섭다. 사람은 자기가 지은 자기 분수, 자기 그릇이 있다.

나의 내면을 깨닫고 보니 그 고통의 원인은 남편 탓만이 아니었다. 인간관계는 상대적인 것이므로 나의 어리석음에 막중한 책임이 있었다. 첫째는 사람을 볼 줄 모르는 어리석은 나의 안목이다. 나와 남편은 가치관이며 욕망과 욕구가 달라도 너무 달랐다. 동질성이라곤 찾아볼 수 없는 남편을 선택한 건 내 안목이 없다는 뜻이므로 막중한 나의 책임이며 전생의 업연이다. 전생의 업연이라 벗어나려고 애를 써도 벗어날 수가 없었다.

둘째는 내 인생인데 주인의식을 가지고 주체적으로 살지 못하고 남편을 의존한 중생상 때문이다. 남편은 워낙 일방통행이라 내가 끼어들 자리가 없기도 했지만 나 스스로 부창부수夫唱婦隨해야 한다는 생각에 반대를 하다가도 남편이 하는 대로 끌려갔기 때문이다. 내가 결정해야 하는 중요한 일인데도 남편에게 결정권을 넘겨 버리는 주체성 없는 삶을 산 것이다. 돌아보면 정말 정말 한심하게 어리석었다. 착해 빠지고 순종적이면 부부간일지라도 자기 인생을 살지 못하고 상대에게 휘둘리는 괴로운 삶을 산다.

인간은 우주적인 존재이므로 남녀 구별 없이 주체적·독립적으로 살아야 했는데… 사람을 의존하지 말고 진리에 의지하고, 남에게 의존하지 말고 나 자신에게 의지해야 했는데… 내 인생인데 주체적 독립적으로 살지 못한 것은 나의 중생상 때문이므로 내 잘못이다.

내가 내 인생을 살지 못하고 배우자에게 끌려가는 삶을 산 것은 자존감이 없어 위력이 부족했을 뿐만 아니라 세상의 법을 몰랐기 때문이다. 법을 모르면 사리판단 능력이 없게 된다. 사리판단을 못하면 어리석다. 내가 한심할 정도로 어리석었기 때문에 괴로운 삶을 살았던 것이다. 나의 어리석음이 문제임을 뼈저리게 깨닫고 어리석음에서 벗어나기 위하여 세간의 법이며 더 나아가 출세간법을 깨닫기 위하여 '나는 누구인가? 인생은 무엇인가? 진리가 무엇인가?' '이, 뭐꼬' 화두를 참구하기 시작했다. 남편의 마음은 바꿀 수 없는 것이므로 신경 끄고…

남자의 사랑한다는 말 하나만 믿고 일생을 맡겨 버리는 것, 남자에게 전적으로 기대는 것은 정말 중대한 어리석음이다. 인간은 이기적인 존재이므로 사랑의 감정은 잠시 잠깐일 뿐이고 남자가 여자보다 더 지혜로운 것도 아니다. 마음수행을 하지 않는 남자는 단순하면서 아상이 가득해서 권위의식이 강하고 고집스러워 배려심이 부족하다. 게다가 온갖 잡기에다 주색잡기까지 한다면 같이 사는 여자는 정말 죽을 맛이다.

진심어린 마음을 주었다고 해서
작은 정을 주었다고 해서
그의 거짓 없는 마음을 받았다고 해서
그의 깊은 정을 받았다고 해서
내 모든 것을 걸어버리는
깊은 사랑의 수렁에 빠지지 않기를……
_*법정*

내가 사는 이유는 분명 내가 행복하기 위해서이다. 누군가를 위하여 희생하거나 짓밟히는 삶을 살고 싶지 않다. 남편이든 형제자매든 인간을 의존하지 말고 자기 자신을 의지하고 진리를 열심히 배우고 또 깨달아(법등명) 법에 의지해서 주체적(자등명)으로 살아야 행복한 삶을 살 수 있다. 모르는 것을 배우지 않고 또 자신의 능력을 갈고 닦지 않으면 괴로움이 찾아온다.

내 스승은 2,500여 년 전에 살았던 석가모니 부처님이다. 석가모니 부처님은 인간에서 한 단계 승화한 부처다. 그는 인간에서 한 단계 승화할 수 있는 길을 가르치고 있다. 그 길을 딱 두 가지로 요약하면 '법등명'·'자등명'이다. 법에 의지하고 자기 자신에게 의지하라. 즉 세간의 법과 출세간의 법을 깨달아서 어리석음에서 벗어나고 자존감을 회복하여 자주적·주체적·독립적으로 살라는 가르침이다.

석가모니의 가르침인 불교는 훌륭한 인문학이며 가장 높은 종교다. 인간이 존재하는 이유와 인간이 나아갈 길에 대한 가르침이므로 인문학이고, 전지전능한 신神이라며 숭배만 하지 않고 신(우주본체심)과 일체가 되는 길을 가르치고 있으므로 가장 높은 종교다.

초파일에 등을 켤 때는 '법등명 자등명'으로 인간에서 한 단계 승화하겠다는 발원을 해야 한다. 법등명 자등명은 결코 쉽지 않다. '법등명 자등명' 하려면 자기 마음을 깨달아야 하는데, 자기 마음을 깨닫는 방법이 4념처 명상과 화두참구하는 참선수행이다. 팔만대장경을 다 읽는다 해도 4념처 명상과 화두참구를 하지 않고는 참된 불자라 할 수 없다. 반드시 4념처 명상과 화두참구를 해야 한다.

내 글은 경전을 읽고 쓴 해오解悟가 아니다. '나는 누구인지, 인생은 무엇인지, 진리는 무엇인지' 쓰디쓴 인생을 살아오면서 내가 직접 체험하고 깨달은 나의 체험담이다. 전도몽상의 괴로움으로부터 벗어나 인간에서 한 단계 승화하고 열반락으로 살 수 있는 길(도)에 대해서 쓴 독창적인 글이다. 내가 직접 체험하여 깨닫고 내 방식대로 사유하고 내 방식대로 표현한 이 세상에 하나밖에 없는 독창적인 글이다. 잘 늙는다는 것은 직접 체험하고 깨달은 가치 있는 이야기들이 풍부하다는 것이라고 할 수 있다. 후학에게 들려줄 수 있는 소중한 이야기가 있어서 참으로 행복하다. 나의 인생이 만족스럽다. 나의 이웃들도 법등명 자등명으로 인간에서 한 단계 승화해서 최상의 행복을 누리는 삶을 살았으면 하는 바람이다.

제2강

인생은 고해

제행무상諸行無常이라 인생도 생로병사生老病死한다. 태어나면 늙고, 늙으면 병들고, 병들면 죽는다. 늙지 않고 살았으면 좋으련만 쉼 없이 늙어간다. 거의 모든 사람들이 6,70세가 되면 반드시 몸 어딘가에 병이 든다. 몸에 병이 들면 정신도 병이 든다. 본인도 모르는 사이 뇌혈관이 조금씩 조금씩 막히면서 판단력도 점차 저하되어 사리분별력도 떨어진다. 몸도 마음도 노쇠하여 늙고 병들고 죽어야 하는 인생은 괴로움이다. 언제 죽을지 모른다는 근본적인 불안을 안고 살아야 하는 것도 괴로움이다.

생로병사하는 과정에서 살아가기 위해서는 의식주가 필요한데 원하는 것을 얻지 못하여 춥고 배고프다. 그뿐인가. 사랑하는 사람과 헤어져야 하고 미운 사람과 만나 증오 속에서 살아야 하는 것은 또 얼마나 큰 괴로움인가.

불교와 인연이 없어 괴로움이라는 번뇌를 다스리는 방법을 모르고 번뇌를 안고 살아야 하는 어리석음도 괴로움이다.

이러한 인생은 이생에서 끝나지 않고 영원히 영원히 윤회한다. 인간으로 진화하기까지 화습란태생化習卵胎生의 삶을 살면서 얼마나 많은 구불득고求不得苦와 애별리고愛別離苦, 원증회고怨憎會苦며 온갖 번뇌를 끌어안고 사는 고통을 겪어야 했으며, 내생에는 또 어떤 환경에 태어나 얼마나 많은 고통을 겪으며 살아야 할 것인가, 망망대해에 표류한 채 오직 살아남기 위하여 발버둥치는 연약한 존재다. 그러므로 인생은 고해苦海다.

보통사람들은 인생에 대한 철학적 사고와 문제의식이 없기 때문에 그냥 그러려니 하고 그럭저럭 사는 반면, 인생이 영원히 생사 윤회하는 고해라는 것을 의식하는 특별한 사람이라면 괴로움의 바다를 벗어나 행복하게 살 수 있는 길은 없는 것일까를 찾아 방황하며 고뇌한다. 방황하며 고뇌했던 대표적인 인물이 인도의 석가모니다. 나 자신도 괴로움으로부터 벗어나는 길을 찾아 방황하고 고뇌했다. 인간은 자신이 죽는다는 만고불변의 진리를 잊고 산다. 병이 깊어 죽음이 자신을 찾아왔을 때의 불안은 견디기 힘들 만큼 엄청나다. 이를 대비해 건강할 때 생사윤회에 대해 공부하고 죽음에 대한 준비를 한다면 보다 편안한 죽음을 맞이할 수 있을 것이다.

괴로움의 근본 원인은 소아가 있기 때문이다. 또한 소아의 근본 원인은 불성佛性이며, 불성 때문에 업식(몸)이 있고 4상(치심)과 탐심貪心과 진심嗔心에 집착하는 것이다. 소아에 대한 집착은 불성이 있는 한 방하착 할 수는 없다. 불성이 있기 때문에 살기 위하여 치심· 탐심·진심에 집착하는 것이다. 그러므로 불성을 소멸해야 원인 무효가 돼서 모든 집착으로부터 벗어날 수 있다.

소아를 소멸하는 과정이 ①4념처 명상, ②보살행, ③화두참구, ④업식과 불성 소멸, ⑤돈오(3법인), ⑥4바라밀이다. 이 과정을 5차례 반복하면 인간에서 한 단계 승화한 부처님이다. 인간에서 한 단계 승화한 부처님은 생사해탈했기 때문에 윤회로부터 영원히 벗어나 다시는 고해의 사바세계에 태어나지 않고 본체심으로 돌아가 열반락을 누리며 영원히 존재한다.

물론 현실적이고 공간적인 극락세계는 분명 존재한다. 극락세계는 마음을 깨달아서 탐진치심이 없어야 태어날 수 있는 세계다. 부처가 누구던가, 인간에게도 불가능이란 없는데 인간에서 한 단계 승화한 부처들이 사는 극락세계가 없을 리 없다. 까마득한 옛날부터 지금까지 성불한 부처님은 석가모니까지 모두 8분이다. 아미타 부처님 당시 법장 비구가 있었는데 법장 비구의 발원에 의해서 이룩된 성현들의 세계가 있다.

육체를 벗어버린 불성은 형상이 없는 기이기 때문에 시공을 초월한다. 서방정토 극락세계도 눈 깜짝할 사이에 오고갈 수 있다. 나는 800년 전 고려시대에 태어나 마음 닦던 비구스님이다.

사바세계는 보통 80세를 살지만 극락세계는 수명이 평균 800세다. 나는 나의 전생은 알 수 있어도 남의 전생은 모른다. 자기 전생도 쉽게 알 수 있는 것이 아니다. 절체절명의 순간에나 가능한 집중력으로 선정에 들었을 때 가능하다.

지옥이 있다면 인간 세상이 지옥이다. 인간짐승들이 부와 권력을 독차지하고 권력과 재물로 폭력을 휘두르는 인간 세상이 지옥이다. 인류의 역사를 보더라도 권력과 재물을 쟁취하기 위한 짐승 같은 전쟁의 역사가 아니던가. 부와 권력 앞에서는 조그만 정의도 조그만 상식도 지켜지지 않는 인간 세상이 지옥이 아니던가. 이러한 인간 세상이 좋으면 부와 권력을 열심히 쌓고, 인간 세상이 싫으면 4념처 명상과 화두참구로 마음을 닦아 인간에서 한 단계 승화하면 된다. 인생은 선택이다.

제3강
법등명 자등명

석가모니 부처님이 열반에 들기 직전 슬퍼하는 제자들에게 유언으로 남기신 말씀이 법등명法燈明 자등명自燈明이다. 행복한 삶을 살려면 법(진리)을 깨달아서 법에 의지하고 법 아닌 것에 의지하지 말라. 자기 자신을 갈고 닦아서 자기 자신에게 의지하고 남에게 의지하지 말라.

행복하게 살고 싶은 욕망이 간절해도 내가 누구인지, 인간이 누구인지 모르고 세간의 법이 무엇이며 출세간 법이 무엇인지 모르면 행복한 삶을 살 수 없다. 무엇보다 중요한 것은 법(진리)을 깨달아 어리석음에서 벗어나는 법등명法燈明이요, 법에 의지해서 자신의 마음을 갈고 닦아 주체적 독립적으로 사는 자등명自燈明이다. '법등명 자등명'이야말로 행복한 삶을 살 수 있는 길이다.

법은 세간법世間法과 출세간법出世間法이 있다. 세간법은 세상을 살아가는 현실적인 진리고 출세간법은 영원히 변하지 않는 열반적정·제법무아·제행무상, 우주 자연의 3대 진리다. 출세간법은 세간법의 근본이 되므로 출세간법을 깨달아야 세간의 법에 통달할 수가 있다. 출세간법과 세간의 법을 깨닫고 법에 의지하는 것은 법등명이요, 자신의 등불을 밝히고 그 등불에 의지해서 주체적으로 사는 삶은 자등명이다. 자등명을 구체적으로 말하면 지혜, 위력, 자비, 대행의 4가지 덕목을 쌓는 것이다. 법등명 자등명의 삶을 살면 상근기의 법기(성현)가 되고, 나아가 인간에서 한 단계 승화한 부처가 될 수 있다.

나는 법등명 자등명의 중요성을 모르고 성실하고 정직하게 살면 행복해지는 줄 알았다. 남에게 피해만 주지 않고 성실하고 정직하게 살면 다 되는 줄 알았다. 그러나 괴로움만 찾아왔고 행복하지 않았다. 성실함·정직함보다 중요한 것은 법등명 자등명이다. 아무리 성실하고 정직해도 법을 모르면 악한 사람에게 피해를 당할 수 있으므로 법의 등불을 의지해야 하고, 자신의 힘을 길러 주체적·독립적으로 사는 자등명을 하지 못하고 누군가에게 의지하는 삶을 살면 결코 행복할 수 없다.

마음을 깨닫고 나서 인생 후반기에 들어서야 좌우명을 갖게 되었다. 나의 좌우명은 법(진리)을 전문가에게 적극적으로 묻고 배워야 하므로 "유사필문有事必問", 나 자신을 열심히 갈고 닦아야 하므로 게을러지지 않기 위하여 "시간은 번개처럼 지나간다"이다.

세간법을 깨달으려면 언제 어디서나 이치가 무엇인가? 옳은가 그른가? 상식적인가? 시기적절한가? 원인은 무엇이고 결과는 무엇인가? 등등 의문을 일으켜 분석하고 답을 찾아 사유해야 한다. 분석하고 사유하는 능력은 아무나 할 수 없는 상당히 고차원적인 능력이다.

또 학교 공부도 해야 하고, 최소한 양서 수십 권의 책을 읽어야 하고, 평생교육원에서 평생 동안 배워야 하고, 또 종교에서 배우고 사람들과의 만남에서 끊임없이 배워야 한다. 이처럼 간접경험을 통해서 배우는 것도 중요하지만 쓰디쓴 인생을 살아봐야 한다. 법을 이론으로 배우면 지식知識이고 직접 체험하여 깨달으면 지혜智慧다. 지식이 아무리 뛰어나도 지혜는 이길 수 없다.

대부분의 사람들은 단순하면서 편협해서 자신에게 이익이 되면 선이라고 옹호하고 불이익이 되면 악이라고 배척한다. 또는 좋아하면 선, 싫어하면 악이라고 생각하고 법을 따져보지 않는다. 선과 악이나 친하다·친하지 않다는 잣대로 재면 입장에 따라 정답이 달라지므로 법이 아니다. 법은 객관적인 것이다.

세간의 법은 타산지석으로 남이 하는 것을 보고 배울 수 있고 수많은 책에서 배울 수 있다. 즉 해오解悟가 가능하지만 출세간법은 반드시 화두를 참구하는 간화선으로 자기 내면을 체험해야만 깨달을 수 있다. 자기 내면에 출세간법이 있기 때문이다. 출세간법을 깨달으려면 참선수행으로 화두참구를 해야 한다.

제4강

인간은 누구인가

행복한 삶을 살려면 인간의 근원과 인간의 육체와 심리 등 인간에 대해서 알아야 한다. 인간이 누구인지, 내가 누구인지 모르면 눈 뜬 봉사와 같아서 행복한 삶을 살 수 없다. 나를 알고 인간을 아는 것은 법의 등불을 들고 가는 삶, 즉 법등명法燈明이다.

인간은 영과 육의 복합체이다. 육체에는 50가지 업식과 호흡이 있고 영靈에는 불성과 탐진치심이 있다. 불성이 있기 때문에 육체가 있고 살기 위하여 탐진치심을 일으킨다. 불성의 본래 근원은 우주본체심이다. 따라서 인간의 본래 고향은 부모가 아니라 우주본체심이다.

우주본체심은 만물을 생성할 수 있는 신통미묘하고 전지전능한 우주의 기운이다. 불성의 근원이 우주본체심이므로 불성 또한 신통미묘하고 전지전능하다.

우주본체심을 신본주의 종교에서는 신이라 하고 불교에서는 청정법신 비로자나불이라 한다. 우주본체심은 우주적인 기운이고 불성은 개인적인 기운이다. 불성은 신통미묘하고 전지전능하기 때문에 화생의 삶을 시작으로 습생으로 난생으로 태생으로 인간으로 윤회하고 진화하면서 육체를 만들면서 생존해 갈 수 있는 것이다.

인간은 한 점의 생명체(화생)로 삶을 시작할 때부터 불성을 가지고 태어난다. 기독교식으로 표현하면 원죄를 가지고 태어난다. 불성이 원죄다. 불성이 있으면 수자상壽者相, 중생상衆生相, 인상人相, 아상我相의 4가지 어리석음이 있다. 4가지 어리석음을 4상四相 또는 치심恥心, 그릇된 고정관념이라 한다.

수자상壽者相이란 모든 생명체의 몸속에 깃든 불성의 존재를 모르고 육체가 자기인 줄 아는 어리석음이다. 수자상 때문에 주객이 전도된 삶을 산다. 부모는 자식의 육체는 낳을 수 있어도 업이 저장된 자식의 불성은 낳지 못한다. 업이 저장된 불성이 부모의 몸을 빌려 생존해 가는 것이다.

수자상이라는 그릇된 고정관념이 있으면

①지혜가 없다. 불성의 존재를 모르면 자기가 누구인지 모르는 것이므로 눈 뜬 봉사나 다름없다.

②불성이 주인이고 이 몸이 그림자인데 이 몸이 주인인 줄 아

는 주객이 전도된 삶을 산다.

③불성이 지은 업연 따라 태어났는데 부모가 낳은 어둠의 자식이라고 생각한다.

④육신만을 위하는 탐욕스런 삶을 살므로 나쁜 업을 짓게 된다.

⑤이 몸이 죽으면 그뿐이라고 생각하여 죽음에 대한 불안공포를 안고 살아야 하므로 마음의 여유가 없다.

⑥자신이 하는 모든 생각과 말과 행위가 업으로 저장되는 줄 모른다.

⑦업이 저장된 불성은 영원히 윤회한다는 진리를 모른다.

⑧불성은 죽을 수 없는 것인데 자살하기도 한다.

중생상衆生相이란 인간은 물론 모든 생명체는 우주적인 존재임을 모르는 어리석음이다. 화습란태생에서 인간이 되기까지 생각과 말과 행위로 내가 창조한 존재인데 어떤 절대자에 의해서 창조된 피조물이라고 생각하는 자존감이 결여된 열등의식이다.

중생상이라는 그릇된 고정관념이 있으면

①자존감이 없다. 자존감이 없으면 위력도 없다.

②의타심과 고독감이 있기 때문에 자주·자립할 수 없다.

③의타심과 고독하기 때문에 누군가를 그리워하고 사랑하면서 인간을 소유하고 애를 쓴다.

④의타심과 고독감 때문에 증오가 쌓인 인간관계도 청산하지 못한다.

⑤인과라는 철칙을 믿지 않고 신에게 복을 빌거나 사이비종교에 빠져든다.

⑥지난 생을 참회하고 다음 생은 더 나은 생으로 창조할 줄 모른다. 향상 발전하는 삶을 살지 못하고 똑같은 운명으로 끝없이 윤회한다.

인상人相이란 화생에서 습생으로 난생으로 태생으로 인간으로 진화한 존재임을 모르고 본래부터 인간이라고 생각하는 어리석음이다. 개구리가 올챙이일 때 생각을 못하는 어리석음이다.

인상이라는 그릇된 고정관념이 있으면

①모든 생명체를 존중하는 자비심이 없다.

②인간이 아닌 생명은 경시하여 함부로 살생을 한다.

③함부로 살생을 하고 육식을 즐기다 보니 잔인하다.

④잔인하게 살생을 많이 하면 불구자로 태어난다.

⑤생명을 존중하는 마음이 없다 보니 인종차별, 남녀차별을 한다.

아상我相이란 여러 자식에 부모는 하나이듯이 모든 생명체의 근원은 하나임을 모르고 자기만 내세우는 아전인수我田引水식

편견과 이기심이다. 자신의 신구의(행동·말·생각)가 편견과 이기심이 분명한데도 옳다고 방어하고 고수하려는 아집이 말로 드러난 것이다. 가장 심술궂으며 추한 마음이 아상이다.

아상이라는 그릇된 고정관념이 있으면

①넉넉함, 너그러움, 관용, 즉 화합하려는 마음이 없다.

②아집 때문에 자기 발전이 어려워 어리석다.

③냉정하게 잘잘못을 가릴 줄 모르고 감정적이고 합리적이지 않다. 분명 자기가 잘못했는데도 인정하지 않고 오기와 고집을 부린다.

④시기·질투심이 일어나 마음이 평화롭지 못하다

⑤자기가 원하는 것, 자기가 듣고 싶은 말만 골라 듣기 때문에 편협하다.

⑥분명 자신이 잘못했는데도 자기 합리화할 명분을 찾아 남의 탓을 한다.

4상, 즉 그릇된 고정관념은 태어나면서부터 가지고 태어나므로 무의식적으로 작용한다. 그러므로 어리석은 관념인 줄 의식하지 못하고 그릇된 고정관념에 집착해서 살아간다. 그릇 된 고정관념에 집착하다 보면 탐심이 일어나서 집착하게 된다.

탐심은 식욕, 수면욕, 색욕, 재욕, 권세욕 등 5가지 욕심이다. 인간의 욕심은 하늘을 삼키고도 남는 욕심 덩어리다.

탐심에 집착하다 보면 번뇌가 일어나서 번뇌에 집착하게 된다. 번뇌는 희喜·노怒·애愛·락樂·애哀·오惡·욕欲의 7가지 감정이다. 오욕을 채울 수 있으면 기뻐하고 사랑하며 즐거워하고, 오욕을 채울 수 없으면 성내고 슬퍼하며 증오한다.

입에는 말이 적어야 하고 뱃속에는 밥이 적어야 하고 마음에는 일이 적어서 한가로운 여유를 즐길 수 있어야 하는데 불필요한 일들에 대한 끊임없는 욕구가 있다. 이 욕구 때문에 평범한 일상을 못 견디고 쓸데없는 일에 부지런을 떨다가 괴로움을 초래한다. 욕欲이라는 번뇌 때문에 외도를 하여 평지풍파를 일으키기도 하고, 잡기나 도박으로 재산을 탕진하기도 하고, 위험한 등반을 즐기다 죽음에 이르기도 한다. 참 쓸데없는 일로 바쁜 게 인간이다. 괴로운 일을 당하고 나서야 심심하고 평범한 일상이 행복이었음을 깨닫는다.

번뇌(진심)에 집착하다 보니 번뇌망상이 일어난다. 망상은 이미 지나간 일 아직 오지 않은 일에 번뇌를 일으키는 것이다. 이러한 치탐진심과 번뇌망상을 중생심이라 한다. 중생심 때문에 인간 세상은 평온할 날이 드물고 악의와 편법과 시기 질투가 가득한 삼계화택이 된 것이다.

인간의 마음은 수자상·중생상·인상·아상, 식욕·수면욕·색욕·재욕·명예욕, 희·노·애·락·애·오·욕의 16가지 번뇌와, 이 16가지 번뇌가 얽히고설켜서 번뇌망상이 밤낮으로 일어났다 사라지기를 하루 5,000번은 생멸할 것이다. 정말 믿을 수 없는 게 사람의 마음이다. 5,000번 생멸하는 중생심은 파도치는 바다와 같아서 백팔번뇌 또는 파란심이라고 한다. 마음에 번뇌가 많으면 육신에 흐르는 기혈이 혼란스러워 몸에는 병이 들고 집중할 수가 없어서 어떠한 일을 성취하기도 어렵다. 몸도 건강하고 마음도 안정되고 원하는 꿈을 성취하여 행복하게 살려면 4념처 명상으로 백팔번뇌에 대한 정리정돈을 잘해야 한다.

제5강
4념처를 관하는 명상

행복한 삶을 살려면 신구의가 청정하고 지혜로워야 한다. 신구의가 청정하고 지혜로우려면 4념처 명상을 해야 한다. 4념처 명상은 법(진리), 마음(의), 말(구), 행위(신)의 4념처를 청정하고 지혜롭게 다스리는 수행이다. 마음 씀씀이가 말이 되고, 말이 행위가 되고 업이 되기 때문에 마음속에서 일어나는 탐진치심을 내려놓아 마음을 청정하게 다스리고 법에 맞는 마음을 써서 신구의를 지혜롭게 다스리는 수행을 해야 한다. 4념처를 청정하고 지혜롭게 다스리면 상근기의 법기(성현)가 된다.

4념처 명상을 하지 않는 사람은 세세생생에 지은 습관(업)대로 마음을 쓴다. 자기 마음이지만 자기 마음대로 하지 못하고, 아닌 줄 알면서도 한다. 업력 때문이다. 나쁜 습관은 정말 무섭다. 나쁜 습관이 육체로 형성되면 천성이 돼서 바꾸기 어려운 업장이 된다. 업장이 현실적으로 나타난 것이 숙명이다.

마음을 어떻게 쓰고 말과 행위를 어떻게 하느냐에 따라서 뇌의 구조가 형성되고 얼굴이며 감각이 형성된다. 4념처를 청정하고 지혜롭게 다스리는 명상을 해야 업장과 숙명을 조금씩 소멸해 가면서 자기 마음을 자유롭게 쓸 수 있는 상근기의 법기(성현)가 된다.

4념처가 청정하고 지혜로운 상근기의 법기(성현)가 돼야 출세간법을 깨달아 인간에서 한 단계 승화한 부처가 될 수 있는 것이지, 4념처가 탁하고 어리석은 하근기의 범부가 부처가 될 수 있는 것이 아니다. 4념처가 탁하고 어리석으면 법계를 직시할 수 있는 혜안이 열리지 않기 때문이다. 그러므로 부처로 승화하려면 반드시 4념처 명상을 해야 한다.

4념처 명상을 하려면, 첫째 연기법에 의해서 일어나는 복잡미묘한 인간의 심리에 대해서 알아야 한다. 심리를 알아야 다스릴 수 있기 때문이다. 인간의 마음은 치심·탐욕·번뇌(진심)와 번뇌망상에 집착해 있는 번뇌덩어리다.

탐진치심이 일어나는 근본 원인은 불성이 있기 때문이다. 불성이 있는 이유는 우주본체심이 있기 때문이다. 우주본체심(부처)→불성(정혼)→치심(4상)→탐심(오욕)→번뇌(7정)→번뇌망상이 일어난다. 이것이 있으니 저것이 있고 저것이 있으니 이

것이 연하여 일어나는 것을 연기법緣起法이라 한다. 불성·치심·탐심·진심·번뇌망상을 총칭하여 중생심이라 한다. 중생심이 있기 때문에 전도몽상의 괴로운 삶을 살아가고 있는 것이다.

둘째는 5,000번 일어났다 사라지는 혼란스러운 마음을 순간순간 알아차려서 마음의 정리정돈을 잘해야 한다. 취해야 할 마음은 취하고 버릴 마음은 확실하게 버려서 마음이 복잡하게 엉켜 있지 않아야 한다. 마음의 정리정돈을 잘해야 몸과 마음이 편안해서 건강하고, 원하는 일도 성취할 수가 있어서 행복하다.

마음뿐만 아니라 소유하고 있는 물건에 대한 정리정돈도 잘해야 한다. 물질에 대한 무소유無所有는 곧 지족知足이다. 자신에게 필요하지 않는 물질은 소유하지 않는 것이며, 불필요한 물질을 소유하기 위하여 욕심을 부리지 않는 것이다.

또 인간관계도 가까이할 사람과 멀리할 사람의 정리정돈을 잘해야 한다. 가까이할 사람은 존중하고 칭찬하며 사랑하고, 멀리할 사람은 과감하게 삭제하여 관계의 정리정돈을 잘해야 한다. 버려야 할 사람을 버리지 못하고 미워하며 증오 속에서 사는 것은 상대 책임이 아니라 자기 책임이며 어리석음이다. 인간은 상중하의 근기가 있기 때문에 모든 인간을 사랑하고 좋아할 수는 없는 법이다. 근기가 맞는 사람을 사랑하고 좋아하는 인간관계를 맺어야 내 마음이 편안하고 행복하다. 내가 행복해야 남도 행복하다.

취할 마음과 버려야 할 마음을 잘 정리하려면 어떠한 마음이 일어나는지 순간순간 정확하게 알아차려야 한다. 탐심이 일어나면 어떠한 원인으로 해서 탐심이 일어나고 있는지 알아차리고, 진심(번뇌)이 일어나면 어떠한 원인으로 해서 진심이 일어나고 있는지, 치심이 일어나면 왜 치심이 일어나고 있음을 알아차려야 한다. 탐진치심에 대한 집착은 알아차리면 잠시 멈추지만 불성이 있기 때문에 아주 사라지지는 않는다.

치심 중에서도 아상은 순간순간 일어나므로 놓치지 말고 알아차려야 한다. 아상은 자기만 내세우는 아집과 이기심이다. 아상이 고개를 들면 스스로를 괴롭힌다. 아상 때문에 불안과 증오심이 일어나고 그 갈등 때문에 스트레스를 받는 것이고, 아상 때문에 겸손하지 못하고 잘난 척하거나 쓸데없는 고집을 부리다가 허물을 짓게 된다. 한 가지 거짓말을 정당화하기 위하여 열 가지 거짓말을 해야 하듯이 한 가지 아상을 합리화하기 위하여 쓸데없는 고집을 부리게 된다. 아상을 고집할 때 인간은 추하다,

번뇌망상은 알아차리기만 하면 사라진다. 번뇌망상이 마음속에 꽉 차 있으면 마음이 평화롭지 못하고 사리분별력도 떨어진다. 망상은 과거와 미래의 일에 쓸데없이 번뇌를 일으키는 것이므로 반드시 버려야 할 마음이다.

번뇌망상을 버리지 못하면 스스로 괴롭고 어리석은 생각을 하

게 되고 이로 인한 괴로움이 찾아온다. 스트레스는 남이 주기도 하지만 자신의 번뇌망상으로 인한 갈등 때문에 일어나는 것이다. 번뇌망상을 다스려야 스트레스로부터 자유로울 수 있다. 남이 주는 스트레스는 '남의 마음은 내가 바꾸지 못한다'는 진리를 깨달으면 해결된다. 합리적이거나 타당성이 없는 말은 묵빈대처한다. 말같지도 않은 말은 받지 않으면 준 사람이 가져갈 수밖에 없지 않은가.

번뇌망상이 일어나면 어떤 번뇌망상이 일어나고 있는지를 알아차린다. 번뇌망상이 일어나면 '이미 지나간 일, 아직 오지 않은 일에 쓸데없는 생각을 하고 있구나' 하고 알아차리고 지금 하고 있는 일, 또는 지금 이 순간 나의 언행에 집중하자고 다짐을 하면 번뇌망상이 사라진다. 다시 번뇌망상이 일어나면 알아차리고 일어날 때마다 알아차려야 한다. 알아차리면 사라진다. 항상 과거도 미래도 아닌 이 순간, 지금 하고 있는 일에 머물도록 집중하면 번뇌망상은 하루 밤만 넘기면 사라진다.

마음의 상태를 알아차리는 수행은 언제 어디서 무슨 일을 하든 세밀하게 알아차려야 한다. 알아차림은 거울과 같아서 스스로를 비춰준다. 세밀하게 알아차릴수록 잘 내려놓을 수 있다. 잠자리에 들기 전 그날 하루 일으켰던 생각과 말과 행위 그대로를 세밀하게 적어보는 명상일기를 쓰면 자신이 어떠한 신구의를 쓰는 누구인지 알아차릴 수 있다. 알아차리기만 하면 취할 마음인지 버려야 할 마음인지 저절로 알게 된다.

세 번째는 탐진치심과 잡념망상을 잘 내려놓아 마음이 안정되면 법에 맞는 마음을 쓰고 있는지를 살펴야 한다. 법에 맞는 마음은 지혜, 위력, 자비, 대행을 쌓는 것이다. 법에 맞는 마음을 쓰는 것은 순리대로 사는 것이므로 가장 올바른 삶이다. 이러한 삶을 사는 사람을 성현(법기) 또는 보리살타라 한다.

4념처 명상을 하지 않는 사람은 타인의 말과 행위에는 관심이 많아도 자신의 말과 행위는 별 생각 없이 무의식적으로 한다. 스스로 해놓고도 무슨 말과 행위를 했는지 모른다. 생각 없이 말과 행위를 하다 보니 남에게 상처를 주거나 오해를 사기도 한다. 자신의 결점을 타인들은 알고 있어도 자신은 모른다. 가장 쉬운 일은 타인의 말과 행위의 옳고 그름을 아는 것이고, 가장 어려운 일은 자신의 말과 행위의 옳고 그름을 아는 것이다.

평소 마음에 켠 촛불로
자신의 내면을 골고루 들여다보며
마음을 살피는 공부를 해 온 사람은
그 얼굴이 온화하고 편안할 것이다

그러나

그 빛을 밖으로 향해서
항상 타인에 대한 옳고 그름만을 가려 왔다면
그 얼굴엔 결코 평화나 기쁨이
담겨 있지 않을 것이다.

그 공부를 하는 데는
많은 준비물이 필요하지 않다.
거울 하나
초 한 자루면 된다.
_*좋은 생각 중에서*

4념처 명상을 잘하면 자신의 단점과 모르는 것들을 저절로 알게 된다. 자신을 알기 때문에 부족한 점은 고치려고, 모르는 것은 배우려고 노력하게 된다. 항상 '모른다, 부족하다'고 생각하기 때문에 나날이 향상 발전하는 삶이 된다. 날마다 자기 발전이 있으므로 날마다 좋은 날이요 날마다 행복한 날이다. 4념처 명상을 잘하는 사람은 4념처가 청정하여 하늘냄새가 난다.

삼일 동안 닦은 마음은
천년의 보배요
백년의 탐물은

하루아침 이슬이라네

_*수덕사에서*

예술가가 예술 작품을 창조하기 위하여 혼신의 힘을 다하듯 명상으로 자신의 신구의를 청정하고 지혜롭게 가꾸어 가야 한다. 오늘의 나는 어제의 내가 아니어야 한다. 이러한 삶이야말로 행복해질 수 있는 삶이다. 신구의를 쓸 때는 순간순간 나 자신을 행복하게 하는 신구의를 쓰고 있는지 항상 의식해야 한다.

사랑해, 사랑해 너를~~

너를 사랑해~~

너를 소유하기 위한 노래다.

인간을 소유하는 것

고통의 시작이다.

사랑해, 사랑해 나를~~

나를 사랑해~~

이 세상에 하나밖에

둘도 없이 소중한

나를 사랑해~~

내 육신이여 평안하라!

내 영혼이여 행복하라!

부모, 형제자매, 부부, 자식이며 타인들, 그들은 그들의 세세생생에 지은 업이 있기 때문에 그들의 마음은 내가 바꾸지 못하는 법, 나를 행복하게 다스리기도 어려운데 타인이야 어떻게 살든 관심 끄고 보석처럼 아름다운 나, 내가 행복하기 위한 노래를 불러야 한다. 모든 관심이 나의 행복에 맞춰져 있어야 한다. 나 자신을 행복하게 해야 할 책임은 오직 나 자신에게 있다.

4념처 명상을 하는 사람의 진언眞言은

'내 마음을 청정하게……'

'내 마음을 지혜롭게……'

이다. 내 마음이 청정하고 지혜로워야 행복이 온다.

제6강
번뇌를 다스릴 때

내가 살아가는 분명한 이유는 행복하기 위해서다. 내가 행복하려면 남의 탓을 하지 말고 내 마음속에서 일어나는 번뇌망상을 다스려야 한다. 4념처 명상은 탐진치심과 번뇌망상을 내려놓고 생각과 말과 행위를 법에 맞게 다스리는 수행이므로 행주좌와 어묵동정에 언제 어디서나 해야 하지만 울화, 분노, 증오심, 시기, 질투, 슬픔, 좌절, 악한 마음… 등등 부정적인 번뇌망상이 계속해서 강박적으로 일어날 때는 좌정하고 호흡부터 다스려야 한다. 호흡을 다스려 호흡이 안정되면 마음도 조금씩 안정된다.

분노와 증오심이 일어날 때는 가슴까지만 내려오는 얕고 짧은 호흡을 하게 된다. 호흡이 얕고 짧으면 기혈氣血이 전신에 고르게 흐르지 못하고 머리 쪽으로 화가 몰리게 된다. 그렇게 되면 병이 쉽게 찾아온다. 번뇌에 집착해 있을 때는 불성이 감각식(6

식)과 감성식(7식)이 작용하는 좌뇌와 우뇌에 있다. 불성의 기운은 레이저와 같아서 좌뇌와 우뇌가 뜨거운 상태다. 6식과 7식의 집착에서 벗어나 8식으로 이성을 찾고 9식으로 양심적이 되도록 호흡을 다스려야 한다.

감당하기 어려운 번뇌가 일어날 때는 호흡부터 다스린다. 하루 일과를 마치고 잠자리에 들기 전 한 시간 정도 가부좌를 하고 출장식出長識 호흡을 한다. 들여마실 때는 천천히 코로 들이쉰다. 이때 공기가 몸 안 가득 채우고 있다고 생각한다. 내쉴 때는 어깨의 힘을 빼고 단전을 등 쪽으로 밀어붙이면서 힘 있게 하단전까지 내리 쉰다. 호흡할 때마다 단전까지 내려오는지 항상 의식해야 한다. 단전까지 내리 쉬고 호흡을 참는다. 더 이상 참지 못하게 되었을 때 코로 빠르게 내쉰다. 호흡이 안정되면 분노와 증오심은 어느 정도는 안정된다.

출장식 호흡과 함께 '모든 일은 지나간다'를 세 번 정도 반복하면서 분노를 내려놓자고 단호하게 자신에게 명령을 한다. 아주 단호하게 2~3번 명령을 하면 뇌 속에 켜졌던 불이 꺼진다. 뇌의 활성화 됐던 부분에 의도적으로 불을 꺼야 번뇌망상이 다시 떠오르지 않는다. 어느 순간 다시 떠오르려고 하면 '내려놓기로 했잖아!' 하고 생각하면 정말 다시는 떠오르지 않는다. 탐진치심에 대한 집착은 불성이 있는 한 버릴 수 없지만 번뇌망상은 호흡과 명상을 하면 사라진다.

'모든 것은 지나간다'는 말은 제행무상諸行無常의 다른 표현이다. '모든 것은 지나간다. 내일은 내일의 해가 뜬다'라고 생각한다면 법에 맞는 생각이므로 법등명이다. 입장에 따라서 정답이 달라지기 때문에 인간관계에서 정답은 없다. 하룻밤 동안만 참고 냉정히 생각해보면 상대의 입장도 이해가 되고 자신의 잘못도 있음을 인정하게 된다. 그래도 번뇌망상이 사라지지 않으면 불보살님께 참회하고 그 가피를 간청하면서 마음을 달랜다.

행복하게 살려면 올바르게 살아야 한다. 올바르게 살려면 부처님이나 하나님같이 경외하는 존재를 마음속에 품고 있어야 한다. 부처님이나 하나님은 절이나 교회에 있지 않고 없는 곳이 없다. 처처불상處處佛像이다. 항상 부처님과 마주하고 있다고 생각하면서 가끔 108배를 한다. 몸과 마음을 다해서 번뇌를 내려놓고 청정하고 지혜로운 마음이 일어나기를 발원하면 틀림없이 부처님의 가피로 번뇌는 사라지고 지혜로운 생각이 떠오른다.

가벼운 번뇌나 쓸데없는 근심걱정과 같은 번뇌가 일어날 때는 스스로에게 묻는다. "내가 사는 이유가 뭐지?" "행복하기 위해서"라는 답이 떠오른 즉시 "그래 쓸데없는 번뇌 때문에 불행해질 이유가 없지" 하면서 번뇌를 내려놓게 된다.

번뇌망상의 원인을 자신에게서 찾아야 자신이 성숙 발전한다. 자신에게서 찾지 않으면 남의 탓을 하면서 원망과 미움으로 자신의 마음만 얼룩진다. 부정적인 번뇌를 일으킬 때마다 뇌 속에는 불이 켜지고 습관적으로 반복하면 뇌가 부정적으로 발달한다. 뇌가 부정적이면 얼굴이 부정적이 되고 몸도 쉽게 병이 쉽게 들며 부정적인 운명이 다가온다.

인간에게는 타고난 천성이 있다. 천성은 상중하의 근기가 있다. 천성은 화습란태생의 삶을 살면서 3아승지겁에 걸쳐서 신구의로 지은 업(습관)이므로 어느 누구도 바꾸지 못하는 것이고, 바꾸어봤자 10퍼센트다. 마음과 몸은 하나이므로 습관에 따라서 뇌의 회로가 정해지기 때문에 바꾸기 어려운 것이다. 천성을 가지고 태어나 현실에 적응하다 보면 10퍼센트 정도 바뀌는데, 바뀐 것이 성격이다. 지혜로운 사람은 상근기로 성격이 바뀌고 어리석은 사람은 하근기로 성격이 바뀐다.

운수납자雲水衲子는 인간의 천성이나 성격은 잘 바뀌지 않음을 알아 상대가 마음에 안 들면 방하착 하고 내려놓으면 되는 것이고 무소의 뿔처럼 혼자서 가면 된다. 그렇지만 세속인은 싫어도 직장인으로 늘 만나고 가족으로 한 집에서 같이 살지 않으면 안 된다. 남보다도 늘 함께하는 가족과의 갈등이 더 많다.

번뇌망상은 상대와의 갈등으로 인해서 일어나므로 나의 번뇌를 내려놓았다고 해서 상대와의 갈등이 해결되는 것은 아니다. 분노·증오·복수·슬픔과 같은 번뇌는 문제해결에 아무런 도움이 되지 않기 때문에 우선순위로 자신의 번뇌를 내려놓는 것이다. 나의 번뇌를 내려놓은 다음에 상대와의 갈등을 해결할 수 있는 법에 맞는 지혜로운 생각이 무엇일까 그 해답을 적극적으로 찾아야 한다. 책을 읽거나 전문가나 경험자를 찾아 나서거나 멘토를 찾아서 지혜로운 해결책을 찾아야 한다.

내 남편은 일방통행이다. 중요한 일도 자기가 하고 싶은 대로 한다. 좋은 일이든 나쁜 일이든 상의하는 일이 없다. 무엇이든 저지른 후에 알게 된다. 소통을 하려고 말을 하면, '알았어! 기다려! 그만해!' 딱 세 마디다. 말 좀 하라고 다그치면 가타부타 말 한마디 없이 묵비권으로 일관한다. 참고 참다가 박 터지게 싸우면 속이나 후련할까 싶어 거의 한 시간 동안 화를 돋우었는데도 앉은 그대로 입을 꾹 다문 채 한마디도 하지 않았다. 소통이 안 되기로는 돌덩이 같다.

또 자기 역량에 대한 심사숙고도 하지 않고, 부부가 상의 한 번 하지 않고, 또 경험자나 전문가에게 유사필문有事必問도 하지 않고 자기 멋대로 저지르면 그 결과는 100퍼센트 실패다. 한두 번의 실패는 있을 수 있다. 40년 내내 실패를 거듭했다. 자기 멋대로 저지르고 실패를 거듭하고도 반성도 하지 않고 사과 한마디도 하지 않았다.

실패가 거듭되다 보니 경제적 고통이 왔다. 경제적 고통은 정말 무시무시한 고통이었다. 돌파구를 위한 취미생활은 고사하고 친구를 만날 수도 없었고 친정에도 갈 수가 없었다. 사면초가 감옥이나 다름없었다. 겨우겨우 숨만 쉬고 살고 있는데, 또 나에게 결정타를 날렸다. 사기꾼 말만 듣고 친정에 엄청난 피해를 준 것이다. 내가 가진 것을 잃은 것보다 친정에 피해를 준 것이 그렇게 괴로울 수가 없었다. 기가 막히고 울화가 가슴까지 차오르고 가슴에 불이 붙어 숨을 쉴 수가 없었다. 아~ 그 고통이란 정말 죽을 수도 살 수도 없는 고통이었다. 불같이 타오르는 번뇌를 해결하기 위해서 37세 때에 송광사 하기 참선수련회에 참가하게 되었다.

분명 내 남편은 나에게 고통을 주기 위하여 태어난 사람이다. 경제적인 고통을 주고도 부족했던지 또 외도를 했다. 한 번이 아니라 여러 번… 남편의 외도는 여자에게는 하늘이 무너지고 땅이 꺼지는 절망과 고통을 준다. 가정의 존폐가 흔들리는 큰 사건이기 때문이다. 열불 천불이 터져 쓰러질 지경인데 한마디의 해명도 없고 사과도 않고 외도할 때마다 가출해 버렸다. 무책임과 비열함과 쇳덩이 같은 차가움에 치를 떨었다. 무심히 길을 가고 있는데 어떤 악동이 나타나 돌을 던지고 용용 죽겠지 하면서 도망쳐 버린다면 얼마나 약이 오르고 열불 터지겠는가.

독재자는 자비심이 없는 냉혈한이다. 독재자가 제일 먼저 하는 것은 언로言路를 차단해 버리는 것이다. 그래서 독재자가 집권하면 언론부터 장악하지 않은가. 자비심이 없는 사람이 하는 첫 번째 하는 행위가 자기 멋대로 일을 저질러놓고 가출해서 말길을 차단해 버리는 것이다. 상대가 고통을 당하거나 말거나 눈과 귀를 막아 버리고 자기가 편할 대로 도피해 버리는 것이다. 남의 가슴에 불을 질러 놓고 도피하여 말길을 차단해 버리는 것, 독재자나 하는 최고의 폭력이며 악행이다.

두 사람이 친구가 되고 한 집에서 부부로 평생을 화목하게 같이 살려면 최소한 20퍼센트의 배려심은 있어야 한다. 20퍼센트의 배려심은 인간 자체에 대한 기본적인 예의다. 생명체를 존중하고 사랑하는 자慈심이 기본적으로 있어야 하고, 상대의 슬픔을 함께하려는 비悲심이 있어야 하는 것이다. 불을 보듯 훤한 것은 조강지처의 소중함을 모르는 남자의 노년을 결코 행복할 수 없다는 사실이다.

독일 유학생에게 들은 말인데, 독일 사람들은 한국 사람을 만나면 재수 없다고 생각한단다. 이유는 남에 대한 이야기나 정치에 대한 비판은 잘하지만 자기가 무슨 생각을 하고 무엇을 원하는지 자기 이야기는 하지 않으며, 자기감정을 솔직하게 표현할 줄 모르고 심지어 고맙다거나 미안하다는 표현도 하지 않기 때문이란다. 오죽이나 답답했으면 재수 없다고까지 했을까. 말이 없으면 남남끼리도 답답한데 하물며 한 집에 사는 부부끼리 꼭 해야 할 말을 하지 않는다면 그 답답함을 어찌 말로 다하겠는가.

가장 소중한 사람은 오랫동안 가까이 함께 있는 사람이다. 부부야말로 희로애락을 함께하고 죽을 때까지 함께한다. 부부야말로 가장 소중한 사람이다. 부부가 화목하려면 싫다는 것을 하지 말아야 한다. 말이나 몸짓으로 처절하게 싫다는 메시지를 보내는 데도 눈과 귀를 닫고 싫다는 짓을 자꾸 하니까 파경이 오는 것이다. 싫다는 짓만 하지 않으면 백년해로한다.

조강지처

_박노황

눈보라치는 날
오래 볼수록 더 예뻐서
자세히 보니까 더 사랑스럽다
인생길 굽이굽이 돌다
땀방울 맺자국 꾀죄죄한 얼굴로
가시에 찢겨 해어진 초라한 옷 입고도
말없이 배시시 웃는
당신이 그립다

억울해도 참고 화가 나도 참는 인욕수행이 모든 걸 해결해 주지는 않았다. 억지로 참다 보면 증오심이 일어나서 밉다는 생각을 하게 되고, 밉다 밉다 생각하면 더 미운 짓만 한다. 뒤늦게 깨달은 것은 내가 다른 사람에 대해 느끼는 감정이나 생각이 결국은 자신이 먼저 체험하게 된다는 사실이다. 다시 말해서 내가 일으킨 모든 마음은 자성(불성과 본체심)에게 전달되어 상대에게 던졌던 미움이 오히려 먼저 자신의 마음과 몸에 나타나 병이 되고, 미워하는 마음이 전달되어 상대는 미운 짓만 더 한다. 미운 짓을 하는 사람보다 당하는 사람이 울화를 참아야 하니 불공평하기 이를 데 없다. 그렇지만 밉다고 증오하면 내 몸과 마음이 지옥 같고 문제도 해결되지 않았다. 송광사에 가서 마음 찾는 수행을 열심히 하지 않았더라면 아마 화병을 안고 고통을 당하다 지금쯤은 이 세상 사람이 아니었을 것이다.

소통의 중요성을 모르는 남편과 백 번은 헤어지고 싶었지만 자식들을 향한 애절한 모성애와 책임감 때문에 참아야 했다. 자식은 절반도 모르지만 하늘과 땅만큼은 확실히 알고 있는 그 모성애와 책임감 때문에 고통스런 삶을 살아야 했다. 어리석고 단순한 남자는 그 애절하고도 애틋한 모성애 때문에 참고 사는 여자가 만만하게 보이고 어리석게 보이는가 보다.

서로 상의하고 결정하는 융합의 중요성을 모르는 남편에 대한 해결책은 나라도 주위 사람들에게 유사필문有事必問했어야 했다. 나 자신도 어리석어 그러지 못했다. 내 평생에 가장 후회하는 어리석음은 유사필문하여 남의 견해를 참고하지 않았을 뿐 아니라 참기만 하고 배우자에 끌려가기만 하는 주체성 없는 삶을 산 것이다. 정말 한심하게 어리석었다. 나의 어리석음 때문에 친정에 피해를 준 것이 가슴이 아릴 정도로 후회스럽다. 어리석음은 죄악이다. 고의가 없을지라도 어리석음 때문에 여러 사람을 고통 속에 빠뜨리기 때문이다. 중요한 일을 결정할 때는 주위 사람에게 묻고 상의해야 실패와 갈등과 불화를 줄일 수 있다는 혜강 최한기의 유사필문은 인생 후반기에 들어서야 나의 좌우명이 되었다.

소통이 안 되기로는 돌덩이 같은 남편과 40년을 참고 사는 동안에 쌓인 답답함과 울화가 그가 떠난 후에도 트라우마로 남아 나를 괴롭혔다. 울화가 치미는 기억들이 떠오를 때마다 명상하면서 떨쳐버리려고 애를 썼다. 잊을 만하면 떠오르고 잊을 만하면 떠오르고 40년 동안 쌓인 번뇌는 집요하게 내 마음속에 파고들어 있었다. 명상하고 참선하면서 5~6년 정도 지나서는 괴로운 기억들이 떠오르지 않고 편안해졌다. 그러다 어느 순간 다시 나쁜 기억이 떠올라 울화가 치밀었다. 깨끗이 잊혀진 줄 알았는데, 기억하기 싫은데도 떠오르니 스스로 짜증이 났다. 순간 '어리석은 내 탓이지 남의 탓이 아니라고!' 원색적인 용어로 나 자신에게 사정없이 욕을 했다. 다시 떠오르면 내 빰을 사정없이 때릴 것이다.

세월이 한참 흐른 뒤 마음을 깨닫고 나서야 배우자는 감각적인 사람이고 나는 감성적인 사람이었음을 깨달아 상대와 나는 다르다는 것을 인정할 수 있었다. 대체적으로 남자들은 단순하면서 감각적이고 자기중심적이며, 여자들은 복잡하면서 감성적이고 관계중심적인 특성을 가지고 태어난다. 남자는 사냥을 해서 오감의 만족을 목표로 하고, 여자는 자식을 낳고 키워야 하므로 남편과의 관계며 자식과의 관계를 중요시한다고 한다. 원초적으로 다른 임무를 가지고 태어나므로 남과 여는 극과 극이다. 성장하면서 교육을 잘 받은 사람은 마음을 잘 다스려 성숙된 인간, 7,8식을 쓰는 상근기로 발전하지만 그렇지 못한 사람은 죽을 때까지 남자의 특성, 여자의 특성 그대로 살아간다.

6식과 7식을 주로 쓰는 감각적인 사람은 원칙도 없고 개념도 없으며, 계획도 없어 즉흥적이고 단순하다. 오감 만족이 목표이므로 눈이 즐겁기를 바라고 귀도 즐겁기를 바라며, 코가 즐겁기를, 혀가 즐겁기를, 몸이 즐겁기를 바란다. 오감이 만족하면 좋아하는 감정을 일으키고 오감 만족이 안 되면 싫어하는 감정을 일으킨다. 동물적이면서 깊게 생각할 줄 모르니 단순하기 그지없다.

감각적인 사람은 안이비설신 오감의 만족을 목표로 살기 때문에 오감이 발달한 사람이다. 오감은 오른쪽 뇌에서 작용하므로 우뇌가 발달한 우뇌형 인간이다. 우뇌형 인간은 6식(감각식)과 7식(감성식)을 많이 쓰므로 상중하의 근기 중에 하근기에 속한다. 진화가 덜 돼서 동물적인 감각으로 사는 인간이다. 감각적인 사람은 단순하면서 자기중심적이다.

7식과 8식을 주로 쓰는 감성적인 사람은 정에 약하고 소심하고 감정적이면서 관계를 중요시하여 서로 친밀하기를 바란다. 관계를 중요시하므로 사랑받기를 원하고 인정받기를 원하므로 소통을 중요시한다. 감성적인 사람은 감성의 만족을 목표로 살며 감성이 풍부한 사람이다. 감성적인 사람은 상대적이다. 상대에 따라서 감정이 달라진다. 감성은 왼쪽 뇌에서 작용하므로 좌뇌가 발달한 좌뇌형 인간이다. 좌뇌형 인간은 7식(감성식)과 8식(이성식)을 많이 쓰므로 중근기에 속한다.

우뇌형 인간과 좌뇌형 인간이 부부가 되면 화목하기 어렵다. 한 사람은 동쪽으로만 가고 한 사람은 서쪽으로만 간다. 영원히 평행선이다.

화합할 기회는 오지 않고 한 집에서 생활하는 게 어긋나기만 하여 사는 게 지옥 같다. 근기가 다르면 추구하는 삶의 가치가 다르기 때문에 동질성이 없다. 같은 곳을 바라보지 못한다.

우뇌형 인간과 좌뇌형 인간이 부부가 됐을 때는 좌뇌형 인간의 말을 잘 들어야 한다. 좌뇌형 인간이 인간관계를 중요시하는 중근기이기 때문이다. 부부와 자식이 한 가족이 되면 그 관계가 친밀하고 원만해야 가정이 행복하기 때문에 관계를 중요시하는 것이다. 우뇌형 인간은 일을 해서 가족을 먹여 살리는 것도 중요하지만 가족의 일원으로서 가족관계의 중요성을 알아야 하기 때문에 좌뇌형 인간의 말을 잘 들어야 한다.

하근기는 4념처 명상을 해도 상근기가 되기 어렵지만 중근기가 4념처 명상을 하여 신구의를 다스리면 상근기가 된다. 상근기는 이성식(8식)과 9식(청정식)을 많이 쓴다. 이성적으로 판단하고 양심적으로 살려는 사람이다. 종교관이 올바른 종교인들은 상근기라 할 수 있다.

어떤 인간관계든 근기가 맞는 사람을 만나야 균형을 유지할 수 있는 것이지 어떤 사람도 하근기와 상근기의 균형을 평생 유지할 수는 없는 법이다. 참는 데도 한계가 있는 법이므로. 인간과 인간의 만남은 분명 맞는 사람과 맞지 않은 사람이 있다. 인간의 만남은 같은 근기 끼리 만나야 화목하다.

인간에게는 상중하의 근기가 있음을 알아 하근기인지 중근기인지 상근기인지, 근기부터 분석해야 한다. 근기를 알아야 대응하는 방법을 연구하여 해결책을 찾을 수 있다. 자신의 근기와 상대의 근기를 아는 것이 서로 화목하게 살 수 있는 길이다. 자신을 비춰보는 4념처 명상이 자신의 근기를 아는 방법이다.

번뇌망상을 해결하는 근본적인 방법은 마음을 깨닫는 일이다. 마음을 깨달아야 마음을 법에 맞게 쓸 수 있기 때문이다. 그렇지만 마음은 쉽게 깨달아지는 것이 아니므로 마음에 대해서 공부를 하면서 4념처 명상을 해서 상근기의 법기(성현)가 돼야 한다. 법을 담을 수 있는 지혜롭고 청정한 상근기의 그릇이 돼야 소아를 소멸하여 3법인을 깨달을 수 있다. 3법인을 깨달으면 번뇌가 사라진다.

사람들은 젊은 시절을 그리워한다지만, 나는 어리석으면서 번뇌 속에서 살아야 했던 젊은 시절보다 마음을 깨달아 지혜롭고 번뇌가 없는 노년이 훨씬 행복하고 좋다. 마음도 건강하고 몸도 건강하니 행복하다. 가출을 일삼던 배우자는 노년에 또 일을 저지르고 또다시 가출했다. 참는 데도 한계가 있는 법, 깨끗이 버리기로 결심했다. 60이 넘어서야 그렇게도 애간장을 태우던 운명의 굴레로부터 벗어날 수가 있었다. 하늘을 날 것처럼 홀가분했고 나 스스로 대견스러웠다. 내 인생의 주체성을 회복하고 내 인생의 주인으로 사는 나는 이 세상 그 어떤 부귀영화도 부럽지 않고 내 인생이 아주 만족스럽다. 그렇게 고통을 주던 배우자도 내가 넘지 않으면 안 되는 운명의 산이었다. 그 험한 산을 넘어서야 평화와 행복이 찾아오는 운명의 산이었다.

인생은 경험이다. 경험하지 않고는 모른다. 경험한 만큼 깨닫는다. 내가 만일 배부르고 등 따시고 안일하게 살았다면 불교에 관심이 없었을 것이다. 괴로웠기 때문에 괴로움으로부터 벗어나기 위하여 고뇌했고 깨달을 수 있었다. 기쁨과 괴로움은 함께하는 것이고 행복과 불행도 함께하는 것임을 깨달았다. 고통을 주는 사람이 있어 나는 철학자가 되고 선지식이 되었다.

제7강
길이 아니면 가지 말라

산에는 험난한 가시밭길도 있고 평탄한 길도 있다. 험난한 길로 산행을 하면 힘이 들고 위험하지만 평탄한 길을 선택하면 무난히 정상에 오를 수 있다. 인생길에도 가서는 안 되는 길이 있다. 길이 아닌데도 막무가내로 가면 가시밭길과 고통이 기다린다. 지계持戒는 길이 아니면 가지 않는 것이다. 지계는 지혜며 선인善因을 짓는 일이다. 선인선과善因善果 악인악과惡因惡果, 콩 심은 데 콩 나고 팥 심은 데 팥 난다.

세상만사 모든 일에는 원인과 결과가 있다. 이는 영원히 변치 않는 철칙이다. 행복한 삶을 살고 싶으면 길이 아니면 가지 말아야 한다. 지계는 남을 위해서가 아니라 나의 행복을 위해서 지키는 것이다. 5계를 지키는 것도 습관이고 파계하는 것도 습관이다. 5계를 지키는 것이 습관으로 굳어지면 복덕이 되고 파계가 습관으로 굳어지면 헤어 나오기 힘든 업장業障이 된다.

가만히 보면 인간은 참 어리석고 이기적이다. 복 받을 원인 제공은 하지도 않았으면서 행복을 달라고 기도만 한다. 복 받고 싶으면 복을 지어라. 복 받을 원인을 제공하라. 복을 지으면 신에게 빌지 않아도 복이 온다. 복은 부처나 신이 주는 것이 아니다. 자기가 지어서 자기가 받는 것이다. 세상은 인과因果라는 철칙에 의해서 돌고 돈다. 인과처럼 무서운 철칙은 없다. 5계를 지키면 어마어마한 복을 짓는다. 복을 지어야 행복한 삶을 살 수 있고 3법인을 깨달아 인간에서 한 단계 승화할 수 있다.

백일기도, 천일기도, 천도재, 예수재 등등 석가모니 부처님이 이런 기도하라고 가르친 적 없다. 석가모니 부처님이 백일기도해서 성불했나? 종교집단은 근기 따라 제도한다는 명분으로 이런 것 부추기지 말고 다섯 가지 계율을 지켜서 청정하고 지혜롭게 살도록 이끌어야 한다. 4가지 덕목을 실천해서 상근기의 법기가 되도록 이끌어야 한다. 출가한 수행자는 청정하고 지혜로운 생각으로 하화중생하려는 사명의식이 있어야 한다.

또 간혹 보시하면 복을 받는다고 하면서 절에 보시할 것을 과도하게 강조하는 스님들이 있다. 부처님께 기도하러 가는 신도는 세상살이가 힘들고 팍팍해서 무언가 길을 찾기 위해 가는 것이다. 이때 놓는 불전이나 기도비는 몸과 마음을 상해가며 어렵고 어렵게 번 돈이다. 어렵게 번 돈을 복 받는다는 명분으로 받기만 하는 것은 수행자의 자세가 아니다. 주고받는 게 인간관계의 기본이다. 행복하게 살 수 있는 길이 무엇인지, 복덕을 쌓는 길이 무엇인지, 자비심과 대행심을 가지고 적극적으로 하화중생해야 한다. 불자들이 성숙 발전할 수 있도록 이끌어야 한다.

첫째, 불살생 – 산 목숨을 죽이지 말라

모든 생명체는 본래 하나이고 우주적인 존재이며, 나와 똑같이 소중한 존재이며 인간으로 진화하기 전 내 모습이다. 또 소중한 목숨을 빼앗으면 악연으로 연을 맺게 된다. 나쁜 인연은 인연 도래시에 반드시 나쁜 인연으로 만나게 된다. 죽이고 죽고 다시 태어나 죽이고 죽고 이 얼마나 끔찍한 일인가. 인간이 아닌 다른 생명체도 함부로 죽이지 말아야 한다.

불살생의 의미는 죽이지 말라는 뜻만이 아니다. 산목숨을 괴롭히지 말고 생명체를 억울하게 하지 않는 것이다. 그러므로 구박하거나 구타하거나 협박하거나 멸시하여 억울하게 하지 말아야 한다. 억울한 마음은 쉽게 사라지지 않고 불성에 새겨져 있다가 인연 도래시에 반드시 앙갚음을 하여 원수지간이 된다.

둘째, 불투도 – 도둑질하지 말라

주지 않은 물건을 갖지 말아야 한다. 주는 물건도 가능한 받지 말아야 한다. 세상에 공짜는 없는 법이고, 주는 물건으로 살아가면 자생自生할 수 있는 자신의 능력이 자라지 않는다. 뿐만 아니라 야비한 방법으로 재물을 모으지 말아야 한다. 야비한 방법으로 축재하는 것은 도둑질이나 다름없기 때문이다. 정직하게 돈을 벌어야 마음이 편안하고 행복하다.

셋째, 불사음 – 외도하지 말라

인간은 왜, 배우자가 있는데도 외도를 할까? 배우자가 싫으면 모를까 배우자가 싫지 않은데도 외도를 한다. 화습란태생에서 인간으로 진화하는 동안 종족을 많이 퍼뜨려 온 습성 때문이다. 수컷이라는 DNA 때문에 인간으로 진화한 후에도 습성을 버리지 못하고 외도를 하는 것이다. 동물도 수컷이 여러 암컷을 거느리고 인간도 남자의 외도가 여자보다 20배가 많다. 여자는 생명을 낳고 키워야 하는 부담 때문에 외도가 쉽지 않다.

배우자가 아닌 사람과의 외도는 이성에 대한 탐욕이며 도둑질이므로 불륜이다. 불륜은 악인惡因이기 때문에 여러 사람에게 고통을 주는 악과惡果가 온다. 외도는 자신뿐만 아니라 여러 사람을 괴롭히는 파멸의 문이므로 가지 말아야 한다.

사랑에 빠졌을 때 나오는 호르몬인 도파민, 옥시토신, 엔돌핀은 이성적인 판단을 마비시키는 환각물질이다. 달콤하고 행복한 사랑의 호르몬은 대부분 마약과 같은 잠시 잠깐의 감정이다. 짧으면 일년 반이요 길어야 이년 반이다. 사랑의 감정이 사라지고 나면 그 여자나 그 남자나 거기서 거기고 남는 것은 냉혹한 현실이요 마음에는 상처만 남는다. 순간의 달콤한 감정에 인생을 걸지 말아야 한다.

부부를 이어주는 것은 애정과 신뢰라는 가느다란 끈이다. 애정과 신뢰가 있을 때는 부부 일심동체일 수 있지만 애정과 신뢰가 끊어지면 일심동체는 고사하고 남보다도 못하다. 외도 한 번에 어렵게 얻은 애정과 신뢰는 산산이 부서져버리고 불신 때문에 부부불화가 시작된다. 이때부터 현실적 삶의 고통도 함께 다가온다. 유명한 말이 있지 않은가, 가화만사성家和萬事成. 외도는 길이 아니므로 가지 말아야 한다. 외도도 습관이다. 한 번 하면 두 번 하게 되고, 두 번 하면 세 번 하게 된다. 평범한 가정, 평범한 일상이 행복이다.

넷째, 불망어 – 망령된 말을 하지 말라

망령된 말은 거짓 말, 악담, 양설, 기어다.

망령된 말을 하면 신뢰도가 떨어지고 자기 가치도 떨어진다. 자기가 뱉은 말에 대한 책임의식이 있어야 한다. 책임감이 있으면 자연스럽게 말을 함부로 하지 않게 된다.

양설은 여기에서는 이 말 하고 저기 가서는 저 말 하면서 이간질하는 말이다. 기어는 이치에 안 맞는 궤변이다. 세 치 혀로 상대의 마음에 상처를 주기도 하고 상대를 죽이기도 한다. 입만 열면 좋은 말보다 나쁜 말을 더 많이 하는 게 우리네 인간이다. 차라리 입을 다무는 것이 복 짓는 일이다. 입으로 나쁜 업을 짓지 말아야 한다.

망령된 말을 한 번 하면 얼굴에도 망령된 기운이 돌고 두 번 하면 망령된 그늘이 드리우고 세 번 하면 망령된 얼굴로 바뀌기 시작한다. 망령된 행위의 과보는 한 치 어긋남 없이 자신이 받는다.

말이 씨가 된다. 한 번 말을 할 때마다 신통미묘한 기氣가 쌓여서 현실로 나타난다. 복 짓는 멘트가 있다. '내 마음을 청정하게, 내 마음을 지혜롭게!' 아침에 일어나서 또 잠자기 전, 생각 날 때마다 소리 내어 말로 하면 마음이 청정해지고 지혜로운 생각이 떠오른다. 자성(불성과 본체심)은 인간의 깊은 내면에 있으면서 인간의 운명을 창조한다.

사람들은 남의 일에 대해서는 잘 알아보지도 않고 일초도 생각하지 않고 쉽게 함부로 말하여 구업口業을 짓는다. 밖으로 드러난 사실이 진실이 아닐 수 있기 때문에 남의 말을 함부로 하면 안 되는 것이다. 말은 한 번 뱉으면 주워 담을 수 없기 때문에 남의 일일지라도 세 번 생각해 보고 말을 하는 것이 좋다. 말을 하는 사람이 좋고 듣는 사람이 좋고 전해들은 사람이 좋은 말을 하는 것이 좋다. 말은 무게가 있어야 한다. 말은 향기가 있어야 한다. 말로 복을 짓고 말로 복을 털고 말로 죄를 짓는다. 말은 그 사람의 인격이며 향기이다.

그 말 속에 전혀 거짓이 없으며
말로써 남의 마음을 아프게 하지 않는
그를 일컬어 성자라 한다.
_법구경

사람들은 아상이 있기 때문에 말을 잘하는 사람보다 자기 말을 잘 들어주는 사람을 좋아한다. 말을 잘하는 사람에게 설득당하는 것을 싫어하고 설득시키는 것을 좋아한다. 그렇지만 말을 하면 정보가 새어 나가고 들으면 정보가 들어온다. 지혜로운 사람은 상대의 말과 감정을 이해하면서 경청한다.

경청하면 상대의 말에서 정보를 얻고 직접 경험한 것처럼 지혜가 자란다. 남의 시시한 이야기라도 잘 들어두면 언젠가는 돈이 되고 재산이 되고 지혜가 된다. 경청하는 것은 곧 간접경험이며 경청하는 사람이 성공한다. 남의 감정을 귀담아 들을 줄 아는 사람이 참회도 할 줄 알고 감동도 하며 사랑할 줄도 안다. 귀가 닫혀서 남의 말을 듣지 않으면 참회할 줄 모르고 감동할 줄도 모르며, 사랑하고 배려할 줄도 모르는 고집스러운 냉혈한이 된다.

그렇지만 경청이 결코 쉬운 일은 아니다. 지혜로운 사람일수록 촌철살인은 아닐지라도 요약해서 핵심을 말하므로 경청이 가능하지만, 어리석을수록 의미 없는 말들을 산만하게 또 지루하게 늘어놓기 때문에 경청은 고사하고 끝까지 들어주기도 어렵다. 경청도 중요하지만 말하는 법도 배워야 한다. 들어주는 사람의 입장을 배려하는 마음으로 핵심을 요약해서 가능한 간결하게 말해야 한다. 선가禪家에서의 대화는 촌철살인이다. 한두 마디 툭 던져도 알아듣는다. 이것이 곧 선문답이다.

다섯째, 불음주 – 술 마시지 말라

술을 마시면 비정상이 된다. 술은 미치는 약이다. 미쳐서 도대체 무엇을 해결하겠다는 건지 정말 어리석은 일이다. 술 마시는 것도 습관이다. 이생에서 술을 많이 마시면 내생에서도 끊을 수 없는 업장이 돼서 술을 많이 마시게 된다. 괴로운 일로 술 마시는 대신 4념처 명상을 하고, 즐겁기 위하여 술 마시는 대신 4념처 명상을 하라. 명상을 하면 마음이 평화롭고 몸은 편안하다. 잔잔한 행복이 마음 가득하다.

세상을 올바르게 사는 법을 열심히 배우는 사람, 열심히 실천하는 사람, 5계를 지켜 길이 아니면 가지 않는 사람들처럼 복덕을 쌓는 사람이 있는가 하면, 법을 알려고 노력도 않고 생각 없이 막사는 사람들이 있다. 누가 행복한 삶을 살겠는가? 법을 알고 모르느냐에 따라 운명이 결정된다. 법(이치)을 모르면 어리석고 어리석은 과보는 고통이 찾아온다. 세상에서 일어나는 모든 범죄는 5계의 중요성을 모르는 어리석음 때문에 생긴다. 5계를 지켜야 행복한 삶을 살 수 있음을 명심해야 한다.

제8강
보살행은 성현이 되는 수행

성현은 가장 인간다운 사람, 인간이 추구해야 할 이상적인 인간이다. 불교적으로 말하면 법을 담을 수 있는 그릇 상근기의 법기法器를 의미한다. 법을 깨달아 부처가 될 수 있는 그릇이라는 뜻이다. 세계 4대 성현으로 공자, 석가, 예수, 소크라테스가 있다. 그렇지만 석가는 공자, 예수, 소크라테스와 다르다. 세 분은 성현이고 석가모니는 성현이 된 후에 부처로 승화했으므로 성현이면서 부처다. 성현은 부처가 될 수 있는 상근기의 법기지만 소아(불성과 업식과 중생심)가 있기 때문에 인간의 범위에서 벗어나지 못한다. 부처는 소아가 소멸돼 인간에서 한 단계 승화했다.

공자孔子는 복덕을 원만하게 갖춘 성현이지만 자로라는 제자가 사후死後에 대해서 질문을 했을 때, 인간 세상에 대해서도 알지를 못하는데 죽은 후에 대해서 어찌 알겠느냐고 답했다. 그렇지만 석가모니는 인간의 내면을 깨닫고 생사를 해탈하여 윤회로부터 벗어났다. 공자와 석가모니가 다른 점이다.

예수는 성불하기 위하여 수행하는 대보살이고 소크라테스는 지혜가 뛰어난 철학자다. 역사적으로 볼 때 예수와 같은 대보살도 많았고 소크라테스와 같은 철학자도 많았지만 성현으로 추앙하는 이유는 옳다고 믿는 가치관을 위하여 목숨을 걸었기 때문일 것이다. 위대한 정신력의 소유자인 예수나 소크라테스가 보살행을 하면 지혜와 위력과 자비와 대행 4가지 덕목을 원만하게 갖출 수 있을 것이고, 나아가 참선수행을 하면 부처가 돼서 열반락涅槃樂을 누릴 수 있을 것이다.

세 분 성현은 소아가 있기 때문에 끝없이 윤회하지만 석가는 소아가 소멸됐기 때문에 윤회하지 않고 우주본체심으로 돌아가 영원히 존재한다. 우주본체심으로 돌아가 일체가 됐다는 뜻은 곧 신(청정법신 비로자나불)이 됐다는 뜻이다. 세 분 성현은 인간이지만 석가모니는 인간에서 한 단계 승화한 부처다.

성현이든 부처든 모든 생명체가 사는 이유는 행복하기 위해서다. 행복이 삶의 최고 목표다. 행복은 세간의 행복과 출세간 행복이 있다. 세간의 행복은 오복을 누리는 것이고 출세간의 행복은 열반락을 누리는 것이다. 세간의 행복을 누리려면 지혜·위력·자비·대행의 4가지 복덕을 쌓는 보살행을 해야 하고 출세간 행복을 누리려면 소아를 소멸하는 참선수행을 해야 한다. 4가지 복덕을 원만하게 갖추면 성현이라 하고 소아가 소멸되면 부처라 한다. 세간의 행복을 추구하면 소승小乘이고 출세간적인 행복을 추구하면 대승大乘이라 한다. 동남아 불교는 소승불교이고 한국불교는 대승불교이다.

인간에서 한 단계 승화하여 부처가 되는 일은 복덕을 쌓지 않은 하근기가 할 수 있는 일이 아니다. 지혜와 위력, 자비와 대행의 4가지 복덕을 쌓아서 상근기가 되고 인간다운 인간이 된 후에야 부처로 승화할 수 있다.

인간세상에서도 행복하게 살려면 복과 덕이 많아야 한다. 복덕을 쌓으면서 바르게 살아야 복이 많은 사람이지 돈만 많다고 복이 많은 사람이 아니다. 돈이 많으면서 베풀 줄 모르면 수전노守錢奴지 복덕이 많은 사람이 아니다. 수壽·부富·강녕康寧·유호덕攸好德·고종명考終命, 다섯 가지 복과 덕을 원만하게 갖추어야 행복한 사람이고 복이 많은 사람이며 상근기의 법기다.

5복 중에 수壽는 원한을 사서 억울하게 죽거나 중한 병에 걸려 단명하지 않아서 평균수명은 살아야 하고, 부富는 열심히 노력해서 자신의 의식주를 해결할 수 있는 재물은 있어야 하고, 강녕康寧은 몸을 아껴서 건강해야 하고 지나친 욕심을 버려서 마음이 평안해야 하며, 유호덕攸好德은 이웃을 배려해서 덕 베푸는 일을 좋아해야 하고, 고종명考終命은 꽃잎이 떨어지듯이 자연사하는 죽음을 맞이하는 것이다. 오복은 그냥 저절로 얻어지는 것이 아니다. 보살행을 실천해서 상근기의 법기가 돼야 오복이 온다.

보살행은 5계를 지키고 4념처 명상을 하며 4가지 덕목을 쌓아가는 것이다. 첫째 5계를 지켜 길이 아니면 가지 않는 것이다. 둘째는 4념처 명상으로 탐진치심에 대한 집착을 멈추고 번뇌망상을 내려놓아 자신의 마음을 청정하고 지혜롭게 관리하는 것이다. 셋째는 지혜와 위력, 자비와 대행의 4가지 덕목을 쌓아가는 것이다.

◎보리살타는 지혜가 있어야 한다

첫째, 보리살타는 수자상·중생상·인상·아상의 4가지 어리석음이 있는 범부임을 자각하고 태어나서 죽을 때까지 배우려는 탐구열이 있어야 한다. 탐구열이 있어야 성숙·발전할 수 있으므로 탐구열이야말로 미덕 중에 최고의 미덕이다. 나의 장점이며 특성은 탐구열이다. 의문이 일어나는 것은 이해가 될 때까지 '왜 그러지?'를 놓지 않는다. 의문이 일어나면 못 견디는 탐구열, 나는 이 열정 하나로 인간사의 많은 고통을 이겨내고 나의 내면을 깨달을 수 있었고 열반락을 얻었다.

둘째, 보리살타는 정확한 정보(법)를 얻기 위한 예리한 통찰력이 있어야 한다. 정보가 힘이다. 눈으로는 예리하게 보고 귀로는 정확하게 들을 수 있는 총명함이 있어야 정확한 정보를 얻는다.

예리하게 보는 것도 중요하지만 지혜는 잘 듣는 데서부터 시작한다. 눈으로 보는 것보다 귀로 듣는 기회가 더 많기 때문이다. 귀로 들어오는 정보를 흘려듣거나 듣고 싶은 것만 골라서 듣지 말고 사실 그대로를 정확하게 들을 줄 알아야 한다. 사람들은 날마다 자기식대로 보고 듣고 자기 생각까지 더해서 진실처럼 말해 버리는 과오를 저지르며 살아가고 있다. 이로 인해 진실은 와전돼서 오해와 갈등이 생기고 소통의 부재를 초래한다. 정확하게 보고 듣지 않았다면 입을 열지 말아야 한다. 묵언수행默言修行을 할 필요가 여기에 있다.

총명한 사람은 어떤 사물이나 현상을 파악할 때는 정확하게 보고 듣기 위하여 상대의 눈을 잘 살피면서 집중하고 흘려듣지 않기 위하여 귀를 쫑긋 세워 경청한다. 경청하면서 분석한다. 이치에 합당한 말인가? 앞뒤가 맞아 일관성이 있는가? 얼마만큼 중요한 말인가? 거짓이 없는 정직한 말인가? 이렇게 듣고 마음속에 간직한다. 정확하게 또 확실하게 보고 듣는 것과 대충 보고 듣는 것의 차이는 하늘과 땅만큼 엄청나다. 대충 보고 들으면 어리석다. 잘 모를 때는 왜 그럴까? 하고 의문을 품고 있다가 확실하게 알 수 있을 때까지 단정해 버리지 말아야 한다. 정확한 정보를 취할 줄 알아야 지혜가 자란다.

유치원에서 대학원까지 교육을 받는 것도 여러 분야의 정보(법)를 얻기 위함이다. 교육 정도가 높을수록 정보가 많기 때문에 지식인이라 한다. 그렇지만 정보에는 지식과 지혜가 있다. 지식은 남이 터득한 정보를 배워 아는 것이고 지혜는 실천하면서 터득한 자신만의 정보다. 불교적으로 말하면 지식은 해오解悟라 하고 자기가 직접 체험하고 깨달은 정보는 지혜다. 체험으로 얻은 정보가 많은 사람이 지혜로운 사람이다. 훌륭한 스승은 부모처럼 고마운 존재다. 잘 살아갈 수 있는 정보를 아낌없이 주기 때문이다. 좋은 정보(법)를 주는 사람에 대해 고마워하고 존경하며 인연을 소중하게 생각할 줄 알아야 훌륭한 스승을 만난다. 훌륭한 스승을 만나는 인연도 인과에 의한 것이다.

학교 교육에서도 정보를 얻지만 인간관계에서 더 많은 정보를 얻는다. 누구를 만났느냐에 따라 성공하기도 하고 실패하기도 하며, 부자도 되고 가난해지기도 하며, 지혜를 키워 나갈 수 있기도 하고 어리석어질 수도 있다. 내가 만일 돌아가신 구산 스님을 만나지 못했더라면 이 글은 쓸 수 없을 것이다. 길을 몰라 헤맬 때 길을 가르쳐준 소중한 스승이다. 좋은 인연을 만나는 것은 우연이 아니다. 소중한 인연에 감사하며 마음속 깊이 간직했기 때문에 다시 만나는 것이다. 가르쳐준 스승의 은혜는 돌에 새겨야 한다. 친구를 사귈 때도 배우기를 좋아하여 지혜가 있는 친구를 사귀어야 한다.

셋째, 보리살타는 올바른 사리판단력이 있어야 한다. 예리하게 보고 정확하게 들은 정보 또는 법을 입수했으면 올바른 판단을 해야 한다. 어떤 일이 먼저 일어나 원인으로 작용했고 그 결과는 무엇인지, 선행인지 악행인지 누가 약자의 입장인지 강자의 위치인지를 파악하고 시대적 상황도 고려하여 현실에 나타난 상황을 잘 판단해야 한다.

넷째, 보리살타는 시기적절하게 살 줄 아는 융통성이 있어야 한다.

제행무상諸行無常이라, 세상도 인생도 잠시 잠깐도 쉼 없이 변화한다. 사람의 마음도 끊임없이 변화하면서 진화한다. 진화하면서 윤회한다. 수없이 변하는 인간사·세상사를 객관적으로 관찰하고 융통성 있게 변화하는 삶을 살아야 한다. 공자는 인생 70이면 70번 변하는 삶이 아름답다고 했다.

시간은 번개처럼 지나가므로 괴로움도 슬픔도 기쁨도 젊음도 모든 것은 지나간다. 봄에 씨 뿌릴 줄 알고, 소년에 배울 줄 알고, 건강할 때 건강을 지킬 줄 알고, 가진 것이 없을 때는 절약할 줄 알고 가진 것이 있을 때는 베풀고, 지위를 얻기 위하여 노력하고 지위가 높을 때는 베풀 줄 알아야 한다. 가진 것이 있을 때나 없을 때나 욕심을 부려도 죽을 때 가지고 갈 수도 없다. 모든 일에는 적절한 때가 있음을 알아서 참고 노력하며, 꿈을 이루면 사회를 위하여 베풀기도 하고 또 나아갈 때와 물러설 때를 알아야 한다.

◎보리살타는 위력이 있어야 한다

위력은 자주·자립할 수 있는, 즉 주인의식을 가지고 주체적·독립적으로 살 수 있는 능력이다. 위력이 없어 타인에게 의존하면 누군가의 노예로 비극적인 삶을 살게 된다. 위력이 있으면 갑이 되고 강자가 된다.

첫째, 보리살타는 상근기의 법기가 되고 인간에서 한 단계 승화하려는 원대한 꿈이 있어야 한다. 일단 꿈이 있어야 꿈을 이루기 위한 노력을 할 수 있다

둘째, 보리살타는 나를 아끼고 소중하게 생각하는 자존감이 있어야 한다. 자존감을 지키려면 정직해야 한다. 정직이야말로 자존감을 지킬 수 있는 최고의 무기다. 정직해야 하늘을 우러러 부끄러움이 없어서 스스로 당당할 수 있고 남에게 기죽을 일도 없다. 자존감은 아상我相하고는 다르다. 자존감은 우주적인 존재임을 알아 자기를 존중하는 마음이고 아상은 자기만 내세우는 편견과 이기심을 고집하는 아집이 언어로 표출된 것이다.

셋째, 보리살타는 내 인생의 창조자라는 주인의식이 있어야 한다. 주인의식이 있어야 주체적 독립적으로 살 수 있고 자기 인생에 대한 책임의식이 있다. 책임의식이 있으면 인생을 함부로 살지 않는다. 또 자기 신상에 지대한 영향을 끼치는 중요한 일은 자신이 결정하고 남에게 결정권을 넘기지 말아야 한다. 아무

리 가까운 부부나 부모 형제일지라도 결정권을 넘기지 말고 자신이 결정하고 자신이 책임질 수 있는 인생을 살아야 한다. 남의 말은 참고만 해야 한다.

넷째, 보리살타는 인내와 근면·성실한 노력으로 자신의 능력을 열심히 갈고 닦아서 자신의 능력으로 살아야 한다. 남에게 기대는 삶을 살면 괴로운 삶이 된다.

다섯째, 보리살타는 불의不義에 분노하고 대응하는 강단과 용기가 있어야 한다. 불의는 어쩌다 한 번 일어나는 게 아니다. 일상의 인간관계에서 비일비재하게 일어난다. 불의는 거대권력에 의해 자행되기도 하고 경제적 능력이 있는 갑이 을에게, 또는 어른이 아이에게, 부자가 가난한 이에게, 정상인이 장애인에게, 남자가 여자에게, 지식인이 무지한 사람에게 등등. 인간은 이기적인 존재이기 때문에 약자를 약탈하려는 근성이 있어서 대응 하지 않으면 주체적인 삶을 살지 못한다.

불의는 참는다고 해결되지 않고 분노한다고 해결되지 않는다. 협상하고 타협하려는 노력으로 중도의 길을 찾아야 한다. 가장 좋은 대응은 분발하여 나 자신의 지혜와 능력을 키우는 것이고, 능력 있는 강자가 되어도 불의를 행하지 않는 것이다.

지혜와 위력은 자기 자신을 위하여 갈고 닦는 법등명 자등명이다. 지혜가 없는 위력은 중도의 길을 갈 수 없으므로 지혜와 위력은 항상 함께 닦아가야 한다. 자존감만 고집하면 어리석지만 지혜가 함께 있으면 정직이 최선임을 알게 된다.

나라는 존재는 홀로 존재하지 않고 나와 너, 나와 사회라는 관계 속에서 살아간다. 내가 행복하기 위하여 너가 행복해야 하고 사회가 행복해야 한다. 행복하려면 서로 소통해야 하고 소통해야 상생할 수 있고 상생할 수 있어야 화합할 수 있다. 소통하고 상생하고 화합하기 위하여 실천해야 할 덕목이 있다. 자비희사 4무량심과 보시, 애어, 이행, 동사의 4섭법이다.

◎보리살타는 자비심이 있어야 한다

마음으로 베푸는 4무량심은 역지사지하는 배려심이다. 배려심이 있어야 소통할 수 있고 상생할 수 있으며 화합할 수 있다. 재물은 어쩌다 한두 번 베풀 수 있지만 4무량심은 언제 어디서나 항상 베풀 수 있는 덕행이다.

자심慈心, 보리살타는 모든 생명체를 존중하고 사랑하는 마음이 기본적으로 있어야 한다. 화습란태생의 모든 생명체는 전생의 내 모습이고 언젠가는 인간으로 진화할 수 있는 소중한 생명체이므로 존중하고 사랑해야 한다.

비심悲心, 보리살타는 약자의 입장을 배려하고 불쌍히 여기는 측은지심이 기본적으로 있어야 한다. 비심은 비를 맞고 있는 이에게 우산을 씌워주는 마음이다. 비심으로 가득한 보살이 지장

보살이다. 약자에게 무관심하거나 외면해 버리는 사람은 비悲심이 없기 때문이다.

희심喜心, 희심은 긍정적인 마음이다. 보리살타의 마음은 기본적으로 긍정적이어야 한다. 남의 단점보다 장점을 찾아 인정하고 칭찬해주며 남의 행복과 성공을 시기·질투하지 말고 함께 기뻐해야 한다. 마음에 부정적이라는 시각이 깔려 있으면 온 세상을 부정적으로 보게 돼서 스스로 불행해진다.

어느 강좌에서 들은 내용이다. "사람을 바꿀 수 있는 것은 맞다 틀렸다를 지적하는 똑똑함이 아니라 내편이 돼서 인정해 주고 칭찬해 주는 따뜻함이다." 또 "선진국 사람들은 어린이에게는 입만 열면 칭찬을 아끼지 않는다." 여린 새싹에게 칭찬을 아끼지 않았기 때문에 선진국이 되었다는 것이다. 또 "대화를 할 때는 긍정적인 마인드로 일단 예스 하고 긍정해줘라. 그 다음에 '그러나' 하고 잘못된 점은 지적해주라"는 것이었다. 모두가 희심이 있어야 한다는 뜻이다. 감동이었다. 나는 내 평생 칭찬 받은 적이 없었기 때문이다.

사심舍心, 보리살타의 마음은 기본적으로 순수해야 한다. 자비를 베풀고 희심을 낼 때는 보답을 바라거나 손익을 따지 말고 순수한 마음이어야 한다.

◎보리살타는 대행을 쌓아야 한다

대행이란 포용 또는 관용, 즉 적극적으로 화합하려는 마음이다. 4무량심이 소극적이라면 대행은 몸과 마음으로 참여하는 적극적인 마음이다. 인간은 홀로 살지 않고 남과 더불어 산다. 좋은 사람 나쁜 사람, 지혜로운 사람 어리석은 사람, 가난한 사람 부자인 사람, 무식한 사람 유식한 사람, 친한 사람 친하지 않은 사람 등등 천차만별의 사람들과 만나고 헤어지면서 살아간다. 이러한 천차만별의 사람들과 소통하고 상생하며 화합하려는 넓은 마음이 있어야 한다. 화합할 수 있는 방법이 4섭법이다.

보시布施, 보리살타는 소통하고 상생하며 화합하려는 넓은 마음이 기본적으로 있어야 하고, 상생하고 화합하려면 재물이 있으면 재물을 베풀고 지식과 지혜가 있으면 가르쳐주고 재능이 있으면 재능을 베풀어야 한다. 베풀어야 화합할 수 있고 베풀면 뿌듯함이 행복이 되어 현세에서 자신에게로 돌아오고 죽을 때는 복덕이 되어 가지고 간다. 뿐만 아니라 자기가 베푼 덕행은 다음 생에 가지고 태어난다. 만사萬事가 인과因果다.

애어愛語, 보리살타는 따뜻한 관심과 사랑이 담긴 말은 당연하다고 생각하지 말고 적극적으로 표현해야 한다. 사람들은 부모가 자식 사랑하는 것은 당연하고 부부가 사랑하는 것도 당연하다고 생각하여 애어를 하지 않지만 불만은 어김없이 말과 행동으로 표현한다. 그러다보니 가족 간에 갈등이 깊어진다. 늘 당연하다고 생각하는 것들의 소중함을 알았을 때는 이미 그것을 잃고 난 후인 경우가 많다.

말로 천 냥 빚을 갚는다는 말도 있듯이 불만은 되도록 삼가고 소통하고 상생하며 화합하기 위한 애어는 적극적으로 드러내 표현해야 한다. 진심이 깃든 따뜻한 말로 건강하게 잘 지내는지 안부도 묻고 사랑하면 사랑한다고 말하고 고마우면 고맙다고 말하고 미안하면 미안하다고 말하고 기쁘면 기쁘다고 말하고 칭찬할 일은 대단하다고 말로 표현해야 한다.

특히 실의에 빠졌을 때 용기를 주는 따뜻한 위로의 말 한마디는 반드시 할 줄 알아야 한다. 인생을 살다보면 좌절하고 절망하며 실의에 빠져 벼랑 끝에 서 있을 때가 있다. 진심이 깃든 부드럽고 따뜻한 위로의 말 한마디는 살아갈 수 있는 용기를, 홀로 설 수 있는 용기를 준다. 나 자신도 죽고 싶도록 외롭고 절망할 때 진심이 담긴 한마디의 위로를 얼마나 그리워했는지 모른다. 내가 고통을 겪은 후에야 비로소 과연 나는 진심으로 나와 가장 가까운 부모형제 친구, 이웃에게 따뜻한 위로의 마음을 전했던가 되돌아볼 수 있었다. 가난할 때 사귄 친구가 참된 친구이듯이 절망에 빠졌을 때 위로하는 따뜻한 말 한마디는 그 고마움이 평생 동안 잊혀지지 않고 마음속에 새겨져 있다.

애어를 적극적으로 표현하지 않으면 언로言路가 끊어지고, 언로가 끊어지면 소통할 수 없으니 서로 상생할 수 없고, 상생할 수 없으니 화합할 수도 없다. 화합하지 못하면 갈등이 생기고 적대적인 관계가 되고 만다. 정말로 사랑하는 사람일지라도 말로 표현하지 않으면 정말 사랑하는지 알지 못한다.

이행履行, 보리살타는 정신적이나 물질적으로 조금은 양보해서 타인을 이롭게 해야 한다. 잘못은 덮어서 용서하고 포용하며, 물질에 대해서도 조금은 양보해서 타인을 이롭게 해야 한다. 100퍼센트는 용서할 수 없지만 20퍼센트 정도는 용서하고 양보하면 나에게 크게 손해될 것이 없고 남의 원한을 사지도 않는다. 1퍼센트로도 용서하지 않고 양보하지 않겠다는 이기심 때문에 원한을 사서 원수가 되는 것이다.

동사同事, 보리살타는 어려움에 처한 사람을 도와주는 일, 또는 모르는 것을 가르쳐주는 일, 또는 불의를 몰아내는 일처럼 가치 있는 일에는 방관하지 말고 몸과 마음으로 적극 참여해서 협력하고 봉사해야 한다.

지혜와 위력은 상구보리上求菩堤, 자비와 대행은 하화중생下和衆生이다. 지혜와 위력은 자기 자신을 갈고닦는 덕목이고 자비와 대행은 타인과, 사회와 소통하면서 서로 상생하며 화합하려는 마음이다.

내가 있어야 세상이 존재하므로 자기 자신을 위한 지혜와 위력은 80퍼센트, 하화중생은 20퍼센트면 된다. 자기 자신을 위한 법등명 자등명으로 자신의 힘을 기르고, 타인과 사회를 위해서 20퍼센트만 베풀 수 있어도 서로 소통하고 상생하며 화합하는 행복한 사회가 될 것이다.

소통과 상생과 화합의 덕목은 멀리 갈 것 없이 가장 가까운 부부 관계부터 실천해야 한다. 이혼율을 자랑하는 우리나라의 불명예를 씻기 위하여 사무량심과 사섭법을 반드시 실천해야 한다. 부모가 소통과 상생의 덕목을 쌓으면 자식이 배울 것이고, 자식이 배우면 형제자매, 친구, 이웃사회로 확산되어 갈 것이다. 그러나 넓게 보면 처처불상處處佛像이요 사사불공事事佛供이다.

자비와 대행은 넓은 의미로 보면 사회적 책임이다. 대통령이나 기업이나 재벌에게만 사회적 책임이 있는 것은 아니다. 개인도 한 사회의 구성원이기 때문에 사회에 대하여 져야 할 책임이 있다. 서로 소통하고 상생하고 화합해야 할 책임 말이다.

자비와 대행은 국가적인 차원에서 보면 사회복지다. 교육을 받고 일자리를 찾을 수 있는 기회를 균등하게 주면서 뒤처지는 약자를 이끌어주고 경제민주화를 이루는 것이다. 개개인이 행복하려면 사회 구성원 모두가 기본적인 의식주는 해결돼야 하기 때문이다. 사회복지를 실현하는 불교적 방법이 4무량심과 4섭법이다.

복덕을 쌓을 때도 번뇌를 비울 때처럼 호흡과 함께 자기 자신에게 명령을 한다. 지혜로운 생각을 하자, 위력 있는 생각을 하자, 자비로운 생각을 하자, 덕스러운 생각을 하자고 자신에게 명령을 한다. 한 번 두 번 세 번… 거듭거듭 반복한다. 모든 마음씀씀이는 습관이다. 습관이 성격이 되고 천성이 될 때까지 끊임없이 반복해야 한다.

가끔 최면 장면을 영상매체에서 보곤 한다. 최면이 신비하다고 느낄 것이다. 자기 스스로에게 거듭거듭 명령하는 것도 자기 최면이다. 최면에 걸리면 빠져나오기 어렵듯이 습관이 되면 자기 최면에 걸려서 빠져나오기 어려운 것이다. 반복하는 습관은 참 무서운 것이다. 불성은 모든 마음씀씀이를 비판 없이 그대로 받아들이기 때문이다.

4가지 덕스러운 마음은 9식에서 작용하므로 7식, 8식을 텅 비워야 드러난다. 7, 8식을 비우고 마음이 깊게 안정되려면 반드시 호흡을 다스려야 한다.

번뇌는 비우고 덕스러운 마음은 채우고
번뇌는 버리고 덕스러운 마음은 취해야 한다.
복덕은 부처나 신이 주는 것이 아니다.
복덕은 마음과 말과 행위로 자기가 짓는 것이다.
선인선과 악인악과 원인 없는 결과는 없는 법,
복덕을 지어야 오복을 받는다.

보살행은 깨닫기 전 수행이고 반야행般若行은 5차례 깨달아 성불할 때까지 하는 수행이다. 보살행은 4가지 복덕을 쌓아가는 삶이고 반야행은 4바라밀로 사는 삶이다. 헤아릴 수 없이 많은 생에 걸쳐서 보살행을 해야 상근기의 법기가 되고 참선수행을 하면 첫 번째 깨달음을 얻는다. 5차례 깨달음을 얻고 성불하려면 3천 년이 걸린다. 3천 년 동안 반야행으로 4바라밀이 원만구족 해야 인간에서 한 단계 승화한 부처다.

반야행을 하는 보살은 지혜가 뛰어난 문수보살, 위력이 뛰어난 대세지보살, 자비가 뛰어난 관세음보살, 대행이 뛰어난 보현보살의 4대보살이다. 관세음보살은 내면을 관觀하는 능력이 가장 뛰어나 도가 높을 뿐만 아니라 중생을 이끌어주려는 자비심이 가장 뛰어난 보살이다. 석가모니가 보살행을 할 때는 지혜가 가장 뛰어나기 때문에 왕자와 같은 상위층의 삶을 살았지만 관세음보살은 어머니같이 중생을 불쌍히 여기는 자비심 때문에 중생과 고락을 함께하면서 고생을 많이 한 보살이다. 대세지보살은 대장군의 업을 쌓은 보살이고 보현보살은 거부巨富의 업을 쌓아온 보살이다.

기존의 보시, 지계, 인욕, 정진, 선정, 지혜는 바라밀이 될 수 없다. 바라밀은 3법인을 깨달아야만 우러나는 무위의 마음이기 때문이다. 3법인을 깨달아야 4상이 사라지면서 지혜바라밀, 위력바라밀, 자비바라밀, 대행바라밀의 4바라밀이 드러난다.

불교의 구경목표는 4바라밀을 완성하여 인간에서 한 단계 승화한 부처가 되는 것이다. 부처가 돼야 열반락으로 살 수 있기 때문이다. 따라서 깨닫기 전 보살행도 4가지 덕목을 실천해야 하는 것이다. 보살행에 대한 인식을 바꿔야 한다. 보살행은 깨닫기 전 4가지 덕목을 원만하게 갖춘 성현이 되고 법기가 되고 상근기가 되기 위한 수행이다. 상근기의 법기가 돼야 오복을 누릴 수 있고 나아가 부처가 될 수 있기 때문이다.

기존의 보시, 지계, 인욕, 정진, 선정, 지혜의 6바라밀을 분석해보자. 6바라밀이 불교인이 실천해야 할 덕목이라면 불교에서 제시하는 인간상이 어떠한지 도대체가 감을 잡을 수 없다. 절에 가면 스님들이 가장 많이 하는 말은 욕심을 버리고 보시하라는 것이다. 하지만 가진 것도 없고 능력도 없으면 베풀 수 없는 법이고 지장보살처럼 입은 옷까지 벗어주면 거지 중에 상거지다. 그런데도 보시가 최고의 덕목인가? 또 욕됨을 참기만 하라고? 위력도 없이 참기만 하면 더 얕잡아 보는 게 인간이다. 불의는 분노해야 하고 내 힘을 길러야 하는 것이다.

모든 생명체가 살아가는 이유는 괴로움으로 부터 벗어나 행복하기 위하여 사는 것이지 보시하기 위하여 또는 굴욕적으로 참기만 하려고 사는 것이 아니다. 다시 한 번 강조하지만 불교의 구경목표는 자신의 행복이다. 자신이 행복하도록 노력하고 내 이웃도 행복하도록 이끌어 주는 것이 불교의 구경목표다.

또 정진, 선정, 지혜도 애매하다. 정진은 방법이지 정진 자체가 목적이 될 수 없다. 또 선정이 무엇인지에 대한 정의定義가 내려져 있지 않고 지혜도 세간의 지혜인지 출세간 지혜인지 애매하다. 따라서 기존의 육바라밀은 보살행이 될 수 없다.

21세기 불교는 새로 태어나야 한다. 무엇보다도 불교가 무엇인지, 불교가 추구하는 구경목표가 무엇인지를 구체적으로 알아야 한다. 불교를 제대로 알아야 바르게 실천할 수 있다.

제9강
일체유심조

『화엄경』에 나오는 일체유심조一切維心造의 넓은 뜻은 '우주만물은 우주본체심에 의해서 생성된다'라는 의미이다. 바꿔 말하면 우주만물의 근원은 우주본체심이라는 뜻이다. 우주본체심은 우주만물을 창조할 수 있는 우주적인 기氣이다. 우주적인 기는 우주 공간에 가득 차 있어서 없는 곳이 없으며, 형상은 없지만 묘하게 존재하면서 만물을 창조한다. 출세간법을 깨달으면 우주적인 기를 깨달을 수 있는데, 우주적인 기를 불교에서는 청정법신 비로자나불(이불)이라 하고 신본주의 종교에서는 하나님이라 한다.

일체중생은 일체중생의 마음이 창조한 존재고 인간도 인간의 마음이 창조한 존재이므로 일체유심조다. 우주적인 기는 여여하게 존재할 뿐이고 끌어다 쓰는 것은 일체중생의 마음이다. 마음의 뜻은 단순하지 않다. 마음은 자성을 뜻한다. 자성은 불성과 본체심이다. 불성은 정혼이고 본체심은 부처요 신이다. 불성에서는 중생심이 작용하고 본체심에서는 4바라밀이 작용한다. 인간의 운명은 자성을 어떻게 운용하는가, 즉 생각을 어떻게 하는가에 따라 달라지므로 유심조일체다.

그러므로 인간은 인간의 운명을 창조하는 주체다. 운명의 주체이기 때문에 자신이 어떠한 신구의를 쓰고 있는지 세밀하게 분석하여 내가 누구인지 정확하게 알고 있어야 한다. 불성의 작용인 중생심(탐진치)과 지혜, 위력, 자비, 대행의 4가지 덕목 중에 어떤 생각을 가장 많이 하고 있으며 간절하게 이루려는 소망은 무엇이며, 내 소망은 이루려는 신념은 굳건한지 구체적으로 알고 있어야 한다.

그날 하루 일으켰던 자신의 신(행)·구(말)·의(생각)를 좋다 싫다거나 잘잘못을 가리지 말고 사실 그대로를 일기로 적어 보면 자신이 가장 많이 하는 신구의가 무엇인지 알 수 있다. 가장 많이 하는 신구의가 자기 자신이다. 탐진치심을 일으키는 신구의를 많이 썼다면 하근기, 4가지 덕목으로 살기 위한 신구의를 썼다면 성현이며 법기며 상근기다.

생각이 말이 되고 말이 행위로 나타나므로 하루 동안에 가장 많이 반복하는 의식적·무의식적인 생각이 현실로 나타난다. 그러므로 일체유심조다. 하루 동안에 가장 많이 반복하는 생각이 누군가를 향한 증오심이라면 상대도 나를 증오한다. 그러므로 증오할 일만 생긴다. 누군가에게 짜증을 내면 상대도 나에게 짜증을 낸다. 따라서 짜증날 일만 생긴다. 또 누군가 싫은 짓을 하면 나도 싫어진다. 그래서 싫다, 싫다고 반복하면 상대는 싫은 짓을 더 한다. 우주본체심은 하나이기 때문에 내가 일으킨 마음이 상대에게 전달된다.

상대가 저지른 과오의 과보는 당연히 상대가 받지만 내가 상대에게 증오심을 일으켰다면 그 과보는 내가 받는다. 그러므로 상대가 나쁜 짓을 하고 짜증날 일을 하고 싫은 짓을 한 과보는 신(본체심)에게 맡기고 나의 행복을 위해서 상대를 용서하고 방하착하지 않으면 안 된다. 용서하고 방하착 하려면 상대가 끊어져야 한다.

상대가 끊어지는 경지는 4념처 명상을 하고 참선수행을 하면 가능하다. 4념처 명상으로 4념처가 청정해지면 하루 백 번씩 일으키던 진심(번뇌)을 50번, 열 번, 한두 번으로 차차 줄일 수 있다. 기도를 한다면 복달라고 구하지만 말고 자신의 마음속에서 일어나는 중생심을 소멸하기 위한 기원을 해야 한다.

대부분의 사람들은 자신이 어떠한 신구의를 쓰며 행복하기 위한 소망은 무엇인지 구체적으로 알아차리지 못하고 막연하게 행복을 원한다. 자신이 어떠한 신구의를 쓰는지 모르고 행복하기 위하여 무엇을 소망하는지도 모르는데 소망이 이루어질 리 없다. 나는 어떤 신구의를 쓰며 무엇을 소망하는 누구인지 자기 자신부터 알아야 한다. 오늘 하루 일으켰던 자기 생각이 중생심을 일으켰는지 반야지혜를 일으켰는지, 내가 쓰는 말은 망령된 말인지 덕스러운 말인지, 내가 한 행위는 옳은 행위인지 그른 행위인지 쓸데없는 행위인지를 알고 있어야 한다.

일체유심조이므로 부자 되는 사람은 자나 깨나 돈 모을 생각뿐이다. 돈에 대한 관심으로 꽉 차 있기 때문에 돈을 벌기 위하여 머리를 쓰고 기회가 오면 기회를 놓치지 않는다. 그렇지만 돈에만 집착하다보면 도덕적으로는 악업을 짓게 된다. 돈보다는 도덕을 가치 있게 생각하는 사람들은 도덕을 쌓는 일에는 열심이지만 이익을 챙기고 부를 쌓는 일에는 소홀해서 가난하다. 덕이 많다고 해서, 선행을 했다고 해서 부가 저절로 쌓이는 것은 아니므로 구하는 데도 중도의 길을 가야 한다.

내가 젊었을 때의 내 마음을 분석해 보면 부자로 살겠다는 소망도 없었고 명예와 권위 있는 남편을 만나고 싶다는 소망도 없었다. 소망이 없으니 말과 행위로 이루려는 노력도 하지 않았다. 그 결과 부와 명예와 권위와는 거리가 먼 남편을 만나 많은 고생을 해야 했다. 반면 어린 마음이지만 배움에 대한 강렬한 탐구심은 있었다. 중학교, 고등학교, 대학교까지 진학하고 싶었다. 배우지 못하면 살 이유가 없다고 생각할 정도로 배움에 대한 열망이 있었다. 그 결과 해방된 지 10년 남짓한 때라 무척 어려운 시

신성여고 재학 당시

절이었지만 도시에 있는 여자고등학교에 유학갈 수 있었다.

나의 최대 관심사는 배움에 대한 열정이다. 무엇이든 모르면 궁금해진다. 가장 많이 생각하는 것은 '왜 그럴까?'이다. 절에 가서도 석가모니를 스승으로 받드는 불자는 석가모니가 수행했던 방법을 따라서 수행해야 하는 법인데, 108배 또는 7일기도, 백일기도에 열심인 불자들을 보면 나는 '석가모니 부처님도 108배를 했을까? 이렇게 기도를 했을까?'를 생각하고, 금강경을 읽어도 '무슨 뜻이지?' 반야심경을 읽어도 의문덩어리, 불교에 대한 탐구열로 가득했다. 궁금하면 못 참는 탐구열 때문에, 가장 많이 생각한 '왜, 그럴까?' 때문에 나의 내면을 깨달을 수 있었다. 내가 만일 어떻게 하면 돈을 모을까?를 가장 많이 생각했더라면 백일기도에 열심이었을 것이다.

나의 탐구열은 부모가 가르쳐준 것도 아니고 학교에서 배운 것도 아니다. 전생부터 쌓아온 나의 업이며 천성이다. 전생 전전생 오랜 세월 동안 '왜 그럴까?'라는 생각을 헤아릴 수 없이 많이 했던 나의 습성 때문이다. 습성은 불성에 저장돼 있다가 이생에서도 이어지고 이생에서 현실로 나타난다. 나의 전생은 부와 명예에는 무관심하고 불법을 익히고 탐구하는 데는 열정이 있었던 비구승이었다. 나의 전생을 알고 난 후부터는 이생의 삶을 함부로 살아서는 안 된다는 생각과 불성은 속일 수 없다는 생각이 철석같이 굳건하다. 내가 가장 두려워하는 것은 나의 신구의身口意가 한 치 오차 없이 새겨지는 불성佛性과 인과因果라는 철칙이다.

나는 제주 해변의 아름다운 바닷가에서 태어났다. 원시시대의 조개 무덤이 있을 정도로 조개가 많았던지 조개가 부서져 모래가 되고 그 모래가 쌓인 바닷가였다. 모래는 깨끗해서 햇빛에 반짝였고 바닷물은 투명하게 맑아서 바닥까지 보였으며 머리채 같은 해초는 파도를 따라서 이리저리 휩쓸리고 저녁노을은 아름답기 그지없었다. 나는 아름다운 바다를 좋아해서 아주 어렸을 적부터 여름이면 거의 하루 종일 파도를 타거나 헤엄을 치며 놀았다. 배고프면 바위에 돋아난 굴을 따먹으며 해 지는 줄 몰랐다. 헤엄을 치다가 저 멀리 북쪽의 수평선을 바라보면 다도해의 조그만 섬들이 어렴풋이 보였다. 그럴 때마다 저 섬들이 있는 육지를 가봤으면 하는 막연한 바람이 있었다. 특별한 이유도 없이 그냥 가보고 싶다는 어릴 적 막연한 바람이었다.

아름다운 바다가 있어 무척 행복했던 어린 시절이 지나 여고를 졸업하고 이모가 살고 있는 광주로 오게 되었고 우여곡절 끝에 송광사의 참선수련회에 참가하게 되었다. 수행하면서 나의 전생은 송광사에 오래 살았으며 송광사를 아끼고 사랑하는 비구승이었음을 깨닫게 되었다. 수평선 너머 육지를 그리워하던 이유가 있었던 것이다. 불성은 모든 것을 기억하고 있다가 무의식적으로 작용한다.

송광사에 첫발을 디딘 날도 감회가 달랐다. 우화각 앞에 이르러 잠깐 발을 멈추고 송광사의 전경을 바라보는데 느낌이 바다 속에 잠겨 있는 듯, 숨죽이듯 고요했다. 태초의 고요함이랄까 내 집에 돌아온 느낌이랄까, 표현할 수 없는 특별한 느낌이었다. 이 특별한 느낌은 뭐지? 의문을 품고는 잊어 버렸다. 그 후 화두참구하면서 800년 전에 송광사에서 살았던 비구승이었음을 깨달았다. 특별한 그 느낌도 이유가 있었던 것이다. 누가 뭐래도 불성은 있고, 불성에는 모든 마음씀씀이가 저장되었다가 무의식으로 작용하며 이생의 인생길을 인도한다.

자성(불성과 본체심)은 신통미묘해서 전생의 습관을 기억할 뿐만 아니라 간절한 원이 있으면 이루어준다. 물러서지만 않고 끊임없이 발원하면 언젠가는 반드시 이루어진다. 발원은 발과 같아서 발원하는 대로 살게 된다. 좋은 일을 원하면 좋은 일이 이루어지고 나쁜 일을 원하면 나쁜 일이 이루어진다. 의식적으로 원하는 것도 이루어지지만 의식하지 않더라도 같은 생각 같은 말 같은 행위를 자꾸 하면 그대로 이루어진다.

나의 삶의 목표, 즉 나의 현실적 소망은 삼남매를 대학까지 가르치는 것, 내가 누구인지 나를 깨닫는 것, 나의 깨달음을 한 권의 책으로 사회의 평화에 기여하는 것 세 가지다. 내 인생은 자나깨나 이 세 가지 생각들로 가득했었다. 소망이 있으면 소망을 이루려는 노력을 하게 돼서 자연스럽게 소망이 이루어진다. 세 자녀를 대학까지 가르칠 수 없는 집안 형편이었는데 자녀들이 다행히 공부를 잘해서 가능했다. 본체심은 하나이기 때문에 나의 간절한 소망이 자녀들에게 영향을 주었으리라. 내가 원하는 세 가지 소망은 모두 이루어졌다.

생각과 말이 씨가 된다. 진언眞言은 소망을 자성에게 세 번씩 반복하여 소망하는 것이다. 수리수리 마하수리 수수리 사바하의 뜻은 좋은 일이 있겠구나, 아주 좋은 일이 있겠구나, 매우 좋은 일이 있겠구나, 라는 것이다. 진언의 뜻을 알아 마음에 거듭거듭 새겨야 효험이 있는 것이지 뜻도 모르면서 앵무새처럼 반복하는 것은 효험이 없다. 수리수리 대신 '내 마음을 청정하게, 내 마음을 지혜롭게'로 바꿔야 한다.

소망과 발원發願은 다르다. 법등명 자등명의 삶을 살겠다는, 즉 지혜와 위력을 쌓고 나아가 중생을 위하여 자비와 대행을 실천하여 인간에서 한 단계 승화하겠다는 원대한 꿈을 소원하면 발원이다. 현실을 살아가기 위한 작은 꿈이 있다면 소망이다. 발원과 기도의 뜻도 다르다. 발원은 자기 내면에 존재하는 자성(불성과 본체심)에 거듭거듭 새기는 것이고, 기도는 믿고 있는 신에게 복 달라고 비는 것이다. 인간의 내면에 대해서 아는 사람은 발원을 하고 모르는 사람은 기도를 한다.

소망을 이루고자 할 때는 출장식 호흡과 명상으로 몸과 마음을 이완시켜 구체적이면서 간결한 진언을 반복한다. 가장 많이 반복한 진언(생각)이 이루어진다. 꼭 노력이라는 과정을 거치지 않아도 아주 간절한 소망은 기적처럼 이루어진다. 자성(본체심과 불성)은 신통미묘하기 때문이다. 발원이나 소망은 발과 같아서 동쪽으로 가기를 원하면 동쪽으로 가게 되고 서쪽으로 가기를 원하면 서쪽으로 가게 된다.

이것저것 이루려는 소망도 중요하지만 기본적으로는 지족知足 할 줄 알아야 한다. 이미 소유하고 있는 것들에 만족하고 감사할 줄 알아야 한다. 인간은 욕심이 많아서 자기가 가지고 있는 행복은 지족할 줄 모르고 끝없이 갈구만 한다. 내가 가장 감사하는 것은 내 몸이 건강하여 내 발로 걸을 수 있음에 감사한다. 무릎이 아파서 걷기 힘든 고통을 겪고 나서야 깨달은 마음이다. 지족하면 감사할 일이 많아지고 감사할 일이 많아지면 행복해진다.

석가모니 부처님은 이미 2,500여 년 전에 잠재의식(불성과 본체심)을 깨달아 일체유심조라 설했는데, 사람들은 머피 박사의 잠재의식에 대한 발견은 19세기 위대한 발견이라 칭송한다. 불성과 본체심을 설한 팔만대장경이 엄연히 해인사에 존재하는데 그들은 모르고 있는 것이다. 대장경이 체계적이고 논리적으로 서술·구성되어 있지 않기 때문이다. 21세기 불교는 구체적으로 알기 쉽게 설명해서 세상과 소통할 수 있어야 한다.

제10강
소아를 소멸하는 참선수행

인간의 내면에는 소아와 대아가 있다. 소아에는 불성佛性이 있고 대아에는 우주본체심이 있다. 소아의 근원이 우주본체심이다. 불성에서는 4상이 작용하고 본체심에서는 4바라밀이 작용한다. 4상을 소멸하고 4바라밀로 살 수 있을 때 부처가 되고 부처가 돼야 열반락으로 가장 행복한 삶을 살 수 있다. 그러므로 소아를 소멸하지 않으면 안 된다.

불성을 소멸하려면 화두 참구하는 참선수행이라는 특별한 방법을 써야 한다. 참선수행은 소아를 구성하고 있는 불성(영)과 업식(육)을 소멸하는 수행이다. 소아를 구성하고 있는 원인이 무효가 돼야 하기 때문이다.

4념처 명상도 하고 5계도 지키고 4가지 덕행을 쌓는 보살행을 한다. 그렇지만 보살행은 소아(불성과 업식과 중생심)에 대한 집착을 느슨하게 할 수는 있어도 소아를 근본적으로 소멸할 수는 없다. 중생심을 버리겠노라 수십 번 다짐을 해도 막상 현실과 직면하면 흔들리는 게 사람의 마음이다.

불성과 9가지 업식을 소멸해서 본체심과 일체가 되면 3법인을 깨닫게 되고, 3법인을 깨달으면 4상이 사라진다. 4상이 사라지면 4바라밀이 드러나면서 탐진치심에 대한 집착이 사라진다.

불성과 9가지 업식이 소멸되면 원인 무효이므로 유여열반이며 생사해탈이다. 몸은 살아있지만 소아가 소멸되면 유여열반有餘涅槃이라 한다. 유여열반 또는 생사해탈이 돼야 탐진치심이 근본적으로 소멸되고 인간에서 한 단계 승화한 부처가 된다. 부처가 되면 인간세상의 그 어떤 부귀영화나 그 어떤 행복보다도 행복한, 천상과 천하에서 가장 행복한 열반락을 얻는다.

복덕을 쌓는 보살행과 화두참구하는 참선수행을 혼동하지 말아야 한다. 보살행은 상근기의 법기(성현)가 되기 위한 수행이고, 참선수행은 소아를 소멸하고 부처가 되기 위한 수행이다. 보살행으로는 인간세상의 행복을 얻을 수 있고, 참선수행은 인간에서 한 단계 승화하여 열반락을 얻을 수 있다. 인간에서 한 단계 승화하여 부처가 되기 위한 참선수행을 간화선看話禪 또는 화두선이라 한다. 인간에서 한 단계 승화할 수 있는 유일한 길이 간화선이다.

4념처를 관하는 명상은 행주좌와 어묵동정에 언제 어디서나

하는 수행이고, 참선은 가부좌를 하고 집중하여 자기 내면(업식과 불성)을 참구하는 수행이다. 4념처 명상은 마음의 작용을 청정하게 다스리는 수행이고, 참선은 마음의 뿌리(업식과 불성)를 소멸하고 깨닫는 수행이다. 4념처 명상을 하면 소승小乘이라 하고 참선을 하면 대승大乘이라 한다.

미얀마의 위빠사나 명상과 참선을 혼동하는 사람들이 많다. 위빠사나는 잡념망상을 다스려서 세간의 행복을 얻기 위한 수행이지 소아를 소멸하고 3법인을 깨달아 부처가 되기 위한 수행이 아니다.

내가 염려하는 것은, 세계에서 유일하게 우리나라의 조계종에서만 면면이 내려오는 간화선이 사라지는 것이다. 위빠사나 명상이 석가모니가 깨달음에 이르렀던 수행이라고 주장하면서 화두참구하는 참선을 무시하면 그럴 가능성도 없지 않아 있다. 간화선이 사라지면 인간이 존재하는 이유를 깨닫고 인간에서 부처로 한 단계 승화할 수 있는 높고 높은 불법도 사라질 수밖에 없다.

이 염려 때문에 어떻게 하면 간화선에 대해서 구체적이면서 알기 쉽게 쓸까 고민했고 노력했다. 중국의 간화선은 공산주의로 인해 퇴색되었고 동남아 불교는 화두참구를 하지 않고 위빠사나 명상만 하기 때문에 소승불교다. 소승불교는 마음의 운용을 잘하여 세속의 행복을 추구하는 수행이고, 대승불교는 마음의 뿌리를 깨달아서 인간에서 한 단계 승화하는 수행이다. 혼동하지 말기를 간절히 바란다.

오직 우리나라의 조계종에서만 화두선을 수행한다. 간화선으로 화두를 참구해야 인간의 내면을 알 수 있고 대승불교다. 대한민국 우리나라는 정말 복 받은 나라다. 오직 우리나라에만 간화선이 있기 때문이다. 온 세상이 물질문명에 집착해 있지만 높고 높은 정신세계가 우리나라에 있기 때문이다. 간화선이 살아 있는 나라는 부처님이 보호한다. 높고 높은 정신세계가 우리나라에 있는데 우리는 왜? 외국의 심리학에 열광하는가? 프로이드의 심리학은 화두선의 발치도 못 따라온다.

자기 내면을 역행하여 업식을 소멸하고 3법인을 깨달으면 깨달음이요, 깨달은 사람은 부처 또는 선지식善知識이라 하고, 그 이론을 배워 알면 지식이요 지식이 있으면 성문聲聞이라 한다. 나의 글을 열 번 정도 읽은 사람은 성문이다. 바르게 깨달은 선지식은 깨달은 법을 구체적이며 체계적으로 제시하지만, 지식으로 해오한 사람은 경전의 일부를 끌어다 인용하면서 핵심이 없고 두루뭉술하여 명확하지 않다. 직접 깨달은 선지식과 해오한 지식을 구별할 수 있어야 한다.

제11강
내가 깨달은 인간의 의식구조

인간에서 한 단계 승화하여 부처가 되려면 9가지 업식과 불성을 소멸하고 출세간적 진리인 3법인을 깨달아야 한다. 업식과 불성을 소멸하는 과정에서 인간의 내면을 깨달을 수 있고 본체심에 이르면 출세간 진리인 3법인을 깨달을 수 있다. 그러므로 깨달음은 단순히 깨달았다는 뜻이 아니다. 깨달음은 50단계의 업식을 하나하나 소멸해야 하므로 유여열반이며 생사해탈하는 것이므로 오도송이나 선문답 한두 마디로 설할 수 있는 것이 아니다. 유여열반에도 단계가 있으며 깨달음도 단계가 있다.

50단계의 업식業識 하나하나를 체험할 때마다 생사해탈의 깊이와 깨달은 수준이 다른 법인데 오도송이나 선문답 한두 마디로 설할 수 있겠는가? 이치에 맞지 않다. 오도송이나 선문답은 중국식 불교지 석가모니 불교는 아니다. 석가모니 부처님이 중국식 선문답을 한 적이 없지 않은가. 깨달은 사람은 깨달아 가는 과정 하나하나를 설명할 수 있어야 한다. 개구즉착이라는 말은 틀린 말이다.

명상이 아닌 화두참구로 내가 직접 깨달은 나의 내면을 설명하면, 육체에는 안식(1식)·이식(2식)·비식(3식)·설식(4식)·신식(5식)의 다섯 가지 감각기관과 감각식(6식)·감성식(7식)·이성식(8식)·청정식(9식)의 내면 의식이 있고, 그 근원에는 본체심이 있다. 9가지 업식이 온갖 작용을 할 수 있는 것은 신통미묘한 불성佛性이 있기 때문이다. 불성의 근원은 우주본체심이다.

불성이 있어서 다섯 가지 감각기관에서 보고 듣고 냄새 맡고 맛을 알고 촉감을 느낀다. 감각은 오른쪽 뇌, 감성은 왼쪽 뇌, 이성은 뒤쪽 뇌, 청정심(양심과 덕행)은 정수리에서 작용한다. 본체심은 불성이 정수리를 떠나 이 몸이 공해져야 깨달을 수 있다. 본체심에 이르러야 돈오다.

화두참구로 내면 탐구(심우)를 시작하여 불성이 안식眼識에 이르면 눈에 힘이 들어가고 눈이 깜박이지 않는다. 안식과 계합되면 온 신경이 눈에 있다. 거울을 보면 눈에 불이 켜진 것 같아서 내 눈이 무섭다고 느껴진다. 이때는 불성이 눈에 있기 때문이다. 법계를 주시할 때는 호흡과 몸의 상태인 감각, 마음의 상태인 느낌을 아주 예리하게 알아차려야 한다. 감각이며 느낌이 무디면 자기 내면을 깨닫기 어렵다.

법계를 집중하며 화두참구를 하노라면 불성이 안식에서 이식으로 역행한다. 이식과 계합되면 모든 신경이 귀에 있어서 모든 소리에 집중하게 되고 소리에 예민해진다. 이때에 불성은 귀에 있다. 안식에서 이식으로 역행하면 업식의 한 단계를 소멸한 것이고 한 단계 생사해탈한 것이다. 안식에서 본체심까지 하나하나 소멸해야 하므로 단박에 생사해탈하고 단박에 깨달을 수 있는 것이 아니다.

다시 법계를 집중하며 화두참구를 하노라면 불성은 이식耳識에서 비식으로 역행한다. 비식鼻識과 계합되면 모든 신경이 코에 있어서 모든 냄새에 예민해진다. 이때는 불성이 코에 있다.

다시 법계를 집중하며 화두참구를 하노라면 비식에서 설식舌識으로 역행한다. 설식과 계합되면 모든 신경이 혀에 있어서 맛에 집중하게 된다. 이때는 불성이 혀에 있다. 안이비설식을 역행하는 단계를 심우도에서 견적見跡이라 한다.

다시 법계를 집중하며 화두참구를 하노라면 설식에서 신식身識으로 역행한다. 신식과 계합되면 불성이 촉감에 있다. 따라서 촉감에 신경이 쓰이고 촉감에 집중하게 된다. 이때는 의자에 앉아 있는데 누군가 의자를 살짝만 스쳐도 신경이 많이 거슬린다. 신식에 이르면 견우見牛라 한다.

불성은 집중하는 법계가 공해지면서 차차 넓어져서 공해지고 넓어진 만큼 한 단계 한 단계 역행할 수 있는 것이지, 그냥 안식에서 이식으로, 이식에서 비·설·신식으로 쉽게 역행하는 것이 아니다.

법계法界는 불성이 머무르고 있는 자리다. 법계가 무엇인지에 대한 설명은 말과 글로 표현할 수 없다. 찬 물인지 뜨거운 물인지는 마셔보는 수밖에 별 도리가 없지만, 말과 글을 빌려서 좀 더 알기 쉽게 설명하면 법계는 항상 공하다. 코 끝 너머 1미터 전방에 집중하면 처음에는 바늘구멍만큼 공하다가 공의 넓이가 조금씩 넓어진다. 공(법계)에 집중하기가 무척 어렵다. 죽기 살기로 집중하면 또 잠이 주체할 수 없이 쏟아진다. 억지로 잠을 참고 집중하면 혼침이 찾아온다.

법계는 조금씩 조금씩 넓어져서 본체심에 이르면 우주 전체가 공해진다. 비유하면 손전등으로 하늘을 향하여 비추었을 때와 같다. 법계는 주시하지 않으면 사라진다. 법계를 주시하는 것이 선혜禪慧를 닦는 것이다. 집중력이며 느낌이며 감각이 예리하지 않으면 선혜를 닦을 수 없다.

다시 법계를 주시하며 화두참구를 하노라면 법계가 조금씩 공해지면서 신식을 떠나 감각식(6식)으로 역행한다. 이때는 불성이 오른쪽 뇌에 있기 때문에 오른쪽 뇌에 신경이 쓰이고 오른쪽 뇌에 집중하게 된다. 안이비설신식은 오른쪽 뇌의 의식에서 관장한다는 것을 깨닫는다. 의식으로 역행하면 득우得牛의 경지다.

안이비설신식에 있을 때는 사고력이 없어진다. 말도 안 되는 생각을 하거나 엉뚱한 행동을 하기도 한다. 머리가 좀 멍해서 안개 속에 있는 것처럼 맑지 않고 책을 읽어도 머리로 들어오지 않으며 기억력도 없어진다. 바르게 참구하는지 몰라서 또 구산 스님을 친견했다. "계속해서 정진하면 괜찮아져." 그 말씀에 안심하고 정진했는데 멍하면서 기억력이 없는 상태는 인우구망의 경지까지 갔다.

법계를 집중하여 안이비설신식과 내면의식인 수상행식은 몸의 어디에서 작용하며 어떤 작용을 하는지 깨닫는 것을 선혜禪慧라 한다. 4념처 명상으로 4념처를 청정하고 투명하게 관리해야 선혜를 닦을 수 있는 혜안이 열린다. 선혜를 닦지 못하면 묵조선이다.

다시 볍계를 집중하며 화두참구를 하노라면 수식(감각식)에서 상식(감성식)으로 역행한다. 이때는 오른쪽 뇌를 떠나 왼쪽뇌로 간다. 상식과 계합되면 불성이 왼쪽 뇌에 있기 때문에 왼쪽 뇌에 신경이 쓰이고 왼쪽 뇌에 집중하게 된다. 불성은 항상 신경과 함께하므로 신경이 쓰이는 곳에 불성이 있다. 그러므로 감각과 느낌을 예리하게 알아차려야 한다. 상식에 이르면 목우牧牛의 경지다.

상식에 계합되면 감정이 풍부해지면서 낭만적이 된다. 가을밤의 푸르른 달빛을 보면 가슴이 시릴 정도로 좋아 잠들 수 없었고 나 홀로 산속의 솔바람소리를 듣고 있노라면 저절로 흥얼거리는 콧노래가 나왔다. 티 없이 맑은 창공을 보면 하늘을 날 것 처럼 즐거웠다, 아마 이때 마음에 드는 이성을 만났다면 사랑에 빠져 정진하는 데 지장이 있었을 것이다.

뿐만 아니라 번뇌와 망상에 끄달려 감정의 기복이 심해진다. 화가 나면 참기 어려웠고 심정이 복잡하고 인생이 무척 괴롭다고 느껴진다. 부정적인 번뇌와 망상을 내려놓기 어려웠다. 복잡한 내 마음의 상태를 깨닫고 상식은 감성식 번뇌식임을 깨달을 수 있었다.

다시 법계를 집중하며 화두참구를 하노라면 법계가 차차 공해지면서 불성은 상식을 떠나 행식(이성식)으로 역행한다. 이때는 왼쪽 뇌를 떠나 뒤쪽 뇌로 간다. 이때 불성은 뒤쪽 뇌에 있기 때문에 뒤쪽 뇌에 신경이 쓰이고 뒤쪽 뇌에 집중하게 된다.

행식에서는 낭만적이던 감정은 사라지고 이성적이 된다. 사리분별력이 생겨서 차분해진다. 내 호흡의 안정도와 내 몸과 마음의 변화를 보고 8식은 이성식임을 깨달을 수 있었다. 행식에 이르면 기우귀가騎牛歸家의 경지다.

다시 법계를 집중하며 화두참구를 하노라면 법계가 차차 공해지면서 행식을 떠나 식식(청정식)으로 역행한다. 이때는 불성은 뒤쪽 뇌를 떠나 정수리로 간다. 식식과 계합되면 불성은 정수리에 있기 때문에 정수리에 신경이 쓰이고 정수리에 집중하게 된다. 이때는 머리 위에 이고 다닐 수가 없다. 조금 아픈 것 같기도

하고 신경이 많이 쓰이기 때문이다.

이 경지에서는 마음이 청정해서 양심적이고 이타적이 된다. 점잖은 도덕군자가 된 느낌이다. 내 호흡의 변화와 내 마음의 상태로 봐서 청정식임을 깨달을 수 있었다. 식식에 이르면 망우존인忘牛存人의 경지다.

다시 법계를 집중하여 화두참구를 하노라면 법계가 우주만큼 공해진다. 한꺼번에 공해지는 것이 아니라 차차 공해진다. 법계가 공해지면 불성은 정수리를 떠나 소아(불성)가 소멸되고 우주본체심과 계합된다. 본체심으로 돌아가 계합되면 3법인을 깨닫는다. 이 경지는 인우구망人牛究忘이며 무無 안이비설신 무無 수상행식이다. 첫 번째 돈오의 경지다. 불성이 본체심으로 돌아가 본체심과 일체가 되면 무아가 되기 때문에 불성(중생심)이 작용하지 않고 본체심(4바라밀)이 작용한다.

첫 번째 돈오는 화두참구 시작해서 대략 5~6개월 걸린 것 같다. 이 경지에서는 현실이 아무리 힘들어도 번뇌가 일어나지 않는다. 몸은 새털처럼 가벼워 하늘을 날 것 같고 세상의 그 어떤 부귀영화도 부럽지 않고 만족스럽다. 열반락을 얻은 것이다. 법계는 우주만큼 커져서 '우주 전체가 나'라고 느낀다. 이때 구산스님을 찾아가 "우주 전체가 나입니다" 했더니 "그래, 그 경지에 안주하면 벌레로 태어난다" 하시면서 더 정진하라고 하셨다.

인우구망의 경지에서 다시 혼신의 힘을 다하여 집중하기 시작했다. 우주만큼 넓고 높은 우주공간에서 백 척이나 되는 낭떠러지로 떨어지는 느낌으로 송광사에 있는 고향수枯香樹와 일체가 됐다. 이때 다시 고 구산 방장스님을 친견하고 "고향수와 일체가 됐습니다" 했더니 무척 놀라는 눈치였지만 한참 있다가 더 정진하라고 하셨다. 이 경지에서 나의 전생은 고려시대에 태어나 마음 닦던 비구스님이었음을 다시 한 번 확인했다.

송광사 하기 참선수련회 참가하고 화두참구를 처음으로 시작했는데 이삼일째 되는 날 체구는 보통이면서 장년의 비구승이 가사장삼을 입고 머리에는 삿갓을 쓰고 키보다 더 큰 주장자를 짚고 송광사의 천자암으로 향하는 경계가 선명하게 나타났다. 내가 지금 꿈을 꾸고 있는 건가? 한 폭의 동양화를 연상하고 있는 건가? 나는 졸고 있지도 않고 동양화를 연상하지도 않았는데…… 참 이상하게도 차차 내 전생의 모습임을 알 수 있었고 나는 송광사와 천자암에 살았던 비구승이었음 깨달을 수 있었다. 그 외에도 몸과 마음의 신기한 체험들을 하고 4박5일 후에 집으로 돌아왔는데 갈 길을 몰라 일주일 후에 다시 송광사 구산 스님을 처음으로 친견했다. 내가 한 체험들이 정말 신기한데 한마디 말로는 다 표현할 수 없어서 글로 써서 읽어드렸다. "퇴보했구먼." "그런 거(전생) 알 수 있어." "어린애가 엄마 만난 것처럼 좋아하는구먼." 세 마디 하시고는 미소…… 퇴보했다는 말 한마디에 어떻게 정진해야 하는지 알아차렸다. 만일 할! 하면서 주장자를 내리쳤다면 내 공부의 여린 싹은 시들어 버렸을 것이다. 아! 하늘같은 스승의 은혜 감사하여라!

다시 집중해서 정진했고 반본환원의 경지에 이르렀다. 반본환원이란 불성이 본래 자리인 소아少我로 돌아온 상태다. 본체심과 일체가 됐을 때는 우주 공간에 있는 느낌이지만 반본환원의 경지에서는 우주 공간에서 땅으로 내려온 느낌이다.

반본환원의 경지로 돌아오면 열반락의 즐거움은 사라지고 마음은 산란하고 번뇌가 일어나서 대심범부가 된다. 현실적인 어려움 때문에 갈등도 많고 좌절도 하고 범부와 크게 다르지 않다. 불성이 1식에서 9식까지 빛보다도 빠르게 산발적으로 작용하기 때문이다. 번뇌에 휘둘리지 않기 위해서라도 혼신의 힘을 다해 집중해서 정혜를 닦아야 했다.

화구참구 시작하는 첫 단계인 심우의 경지에서 전생의 내 모습을 선경계로 볼 수 있지만 반본환원의 경지에서 또 다시 전생의 내 모습을 선경계로 볼 수 있다. 선경계가 반복되다 보면 내가 전생에 어떠한 삶을 살았던 누구인지 확실하게 알 수 있다. 분명 모든 생명체는 윤회하는데, 그것을 까맣게 모르는 사람들을 보면서 느끼는 것은 눈 뜬 봉사나 다름없다는 점이다.

반본환원의 경지에서 전생의 여러 가지 경계들을 체험하면서 정진하다 보면 불성을 볼 수 있다. 인우구망의 경지에서는 우주 전체의 에너지인 우주본체심을 깨달을 수 있고, 반본환원의 경지에서는 개인적인 에너지인 불성을 깨달을 수 있다. 구산 스님을 찾아뵙고 "영롱하게 빛나는 한 조각의 밝음을 집중하기만 하면 눈을 떠도 볼 수 있고 눈을 감아도 볼 수 있습니다"라고 말씀드리니, 이때 구산 스님께서 "견성"이라고 인가를 하셨지만 보임하라든지 점수하라는 말씀은 없었다. 불성에 대한 설명은 견성한 사람은 한마디만 하면 알아듣지만 말과 글로는 설명하기는 어렵다.

견성하면 신통미묘하기 이를 데 없는 불성은 모든 생명체에 깃들어 있음을 깨닫고 수자상이 사라진다. 수자상이 사라지면 중생상, 인상, 아상이 모두 사라지면서 윤회한다는 진리를 깨닫는다. 불성의 존재를 모르고 눈 뜬 봉사처럼 거꾸로 뒤집힌 삶을 살다가 견성하면 올바른 관념으로 살게 된다.

구산 스님을 친견하고 돌아오는 길에 상념에 빠졌다. 여기까지가 성불이란 말인가? 아니면 구산 스님의 한계일까? 여기까지가 성불이라면 너무 쉬울 뿐만 아니라, 나 스스로 돌아보니 불법을 확실히 모르겠고 인간사·세상사의 이치도 모르겠고, 범부와 크게 다르지도 않았다. 십우도의 경계에 대한 의미도 모르겠고 돈오점수의 뜻도 모르겠고 마음도 산란하고 3법인에 대한 이해도 부족하고, 한마디로 불법을 전체적으로 이해할 수 없었다. 상식적으로 생각해도 성불이 이렇게 쉬울 리가 없다고 생각하였다. 그래서 나는 첫 번째 돈오에 안주할 수 없었다. 그렇지만 구산 스님을 찾아가서 길을 묻지 않았다. 점수하라거나 보임하라는 말씀이 없었기 때문이다.

역대 중국의 선사와 한국의 선사들의 과오는 견성이 곧 성불이라고 생각하는 것이다. 겨우 첫 번째 견성을 하고는 석가모니 부처님과 어깨를 나란히 하곤 한다. 오직 한 분 보조 국사만이 돈오점수를 주장하고 있다.

나는 의문이 일어나면 궁금해서 못 견딘다. 불법을 확실히 깨닫기 위하여 다시 혼신의 힘을 다하여 화두를 들고 참구하기 시작했다. 심우를 시작으로 죽기 살기로 정진해서 두 번째 본체심에 이르렀다. 심우를 시작해서 본체심에 이를 때까지 법계는 안갯속 같았고 미로를 가는 느낌이었으며 첫 번째 돈오할 때처럼 십우도의 경계는 나타나지 않았다. 대략 일 년 정도 용맹스럽게 정진했고, 본체심에 이르렀을 때 역시 '우주 전체가 나'라고 느껴졌고 마음이 우주만큼 넓어졌으며 평화로웠다. 반복되는 것 같다고 생각하며 다시 혼신의 힘을 다해 참구하였다.

본체심에서 진일보進一步하여 고향수와 두 번째 일체가 됐고 그 경지에서 다시 참구하여 반본환원하였다. 아, 역시 반복된다고 확신했다. 두 번째 반본환원할 때는 백 척이나 되는 낭떠러지가 아니라 좀 낮은 데서 진일보하는 느낌이었다. 두 번째 반본환원의 경지에 이르면 역시 불성은 일식에서 9식까지 산발적으로 작용하여 마음이 산란했으며 번뇌도 일어났고 열반락은 사라졌다. 반본환원의 경지에서 더 정진하면 전생의 내 모습이 선경계로 나타났고 두 번째 불성을 볼 수 있었다.

두 번째 반본환원의 경지에 머무르지 않고 다시 혼신의 힘을 다하여 세 번째 심우를 시작으로 본체심에 이르렀다. 세 번째 본체심에 이르면서 내면의식인 6,7,8,9식이 우리 몸 어디에서 작용하는지 깨달을 수 있었다. 안이비설신식은 눈귀코혀몸에서 작용하고 6식은 오른쪽 뇌, 7식은 왼쪽 뇌, 8식은 뒤쪽 뇌, 9식은 정수리에서 작용한다는 걸 깨달았다. 불성이 9식 정수리를 떠나 이 몸이 공해졌을 때 본체심과 일체가 되고 일체가 되면 본체심이 작용한다.

본체심과 일체가 되는 돈오를 세 번 반복하면서 3법인을 확실히 깨달아 4상이 완전히 소멸됐고, 돈오가 무엇인지 점수가 무엇인지 확실하게 이해할 수가 있었으며, 돈오를 다섯 번 반복하는 것이 점수임을 확신했다. 또 돈오를 세 번 반복할 때 역시 고향수와 일체가 됐으며 나의 전생에 대한 확신이 섰다. 누가 뭐래도 불성이 있기 때문에 모든 생명체는 윤회하면서 진화한다. 구산 스님은 세 번째 돈오하는 과정에서 돌아가셔서 뵙고 싶어도 뵐 수가 없었다.

반본환원의 경지에서 안식에 이르고 이식으로…… 본체심까지 역행하여 돈오와 견성을 다섯 번 반복해야 성불이다. 돈오와 견성이 세 차례만 반복돼도 내가 존재하는 이유와 내가 세세생생 어떠한 삶을 살아왔는지에 대한 깨달음의 확신이 선다. 나의 내면과 내가 존재하는 이유와 내가 살아온 전생의 삶을 깨달으면 불법이 무엇인지도 확실하게 깨달을 수 있다.

참선을 시작한 것은 37세(1981년) 8월이었고, 본체심에서 진일보하여 고향수와 일체가 되고 다섯 번째 반본환원했을 때는 62세였다. 신통미묘한 불성은 인간의 자궁에 잉태하면 인간이 되고 동물의 자궁에 잉태하면 동물이 된다는 것을 다섯 번 반복하여 깨달았다. 다섯 번째 견성은 반본환원의 경지마저 벗어나야 한다. 70이 다 되어 가지만 아직도 반본환원의 경지를 벗어나지 못하고 있다.

이 경지에서는 호흡이 있는 듯 없는 듯 고요하다. 배 위에 손을 대고 가슴 위에 손을 대봐도 움직임이 없다. 그렇다고 호흡을 하지 않는 것은 아니다. 있는 듯 없는 듯 잔잔하게 한다. 호흡은 한꺼번에 죽는 것이 아니다. 범부일 때는 호흡이 짧고 숨소리도 거칠다. 여자는 가슴으로 남자는 배로 호흡한다. 가슴이 볼록거리고 배가 볼록거려 호흡하고 있음을 누구나 알아차린다. 소아를 소멸하는 참선수행을 바르게 하면 호흡이 차차 내려간다. 호흡이 가슴에서 배로 단전으로 무릎으로 발바닥까지 내려가서 첫 번째 돈오하면 호흡이 잔잔해진다. 범부일 때보다 잔잔해졌을 뿐 아직도 호흡은 있다. 호흡은 한꺼번에 죽는 것이 아니다. 그러므로 점수해야 하는 것이다.

나는 금강경, 반야심경, 원각경, 화엄경, 유식론을 어느 정도 읽었지만 한 구절 한 구절 파고들지 않았다. 내 수준으로는 군더더기가 너무 많은 것 같고 체계적이지 않은 듯해서 이해하기 어려웠기 때문이다. 경전의 요지를 파악하고 경전 전체의 요지와 연계해서 전체적으로 이해하려 했지만 깨닫기 전에는 불가능했다. 사실 경전을 읽고 불교를 알았다고 한다면 엉터리다. 경전은 읽어도 모르겠다가 정답이다.

금강경을 100독讀, 1,000독 하거나 사경을 하는 것은 부차적인 일이다. 금강경의 요지를 파악하는 일이 우선이다. 금강경의 요지는 부처가 되려면 응무소주 이생기심應無所住而生其心으로 살아야 하고, 응무소주 이생기심으로 살려면 아상·중생상·수자상·인상이 소멸돼야 하고, 4상이 사라진 도의 높이에 따라서 수다원·사다함·아나함·아라한·부처님의 다섯 단계가 있다는 뜻이다. 금강경의 요지를 파악해야 4상을 소멸하는 참선수행을 해야 된다는 것을 깨닫게 된다.

3법인을 깨닫고 난 후에야 비로소 경전의 군더더기 표현들을 버리고 요지를 취할 수 있었다. 경전의 요지와 나의 깨달음은 일치한다고 확신한다. 장담하지만 경전의 한 구절 한 구절을 모두 이해하고 외운다 해도 결코 불법은 바르게 이해할 수 없다. 반드시 자기 내면을 깨달아야만 불법을 바르게 알 수 있다.

반야심경般若心經은 인간의 업식業識 대해서 쓴 경전이다. 색色

은 밖으로 드러난 안이비설신 오감관이고 뇌에서 작용하는 내면의식은 수상행식受想行識이다. 수는 감각식, 상은 감성식, 행은 이성식, 식은 청정식, 모두 9가지의 업식이 있다.

색즉시공色卽是空 공즉시색空卽是色 수상행식受想行識 역부여시亦復如是는 색성향미촉과 수상행식의 근원은 공(우주본체심)이라는 뜻이다. 무색 무수상행식은 공(본체심)에 이르면 소아가 소멸된다는 뜻이다.

소아가 소멸되면 무고집멸도無苦集滅道이다. 소아가 없으므로 탐진치심이 일어나지 않아서 마음에 걸림이 없고 두려움이 없어서 거꾸로 뒤바뀐 그릇된 생각을 떠나 반야바라밀(4바라밀)을 의지해서(법등명) 아뇩다라삼먁삼보리심으로 산다는 뜻이다.

경전의 유식론維識論에서는 제1식부터 제8식 아뢰야식까지 있고, 그 근원에는 청정무구한 대원경지가 있다고 주장한다. 유식론도 부처님이 직접 쓴 글이 아니다. 부처님 열반 후 많은 세월이 흐른 후에 부처님 말씀을 토대로 제자들이 쓴 글이다. 내가 깨달은 바로는 분명 제9식까지 있고 그 근원에 청정무구한 대원경지가 있다.

제9식에 이르면 망우존인의 경지이고 본체심에 이르면 인우구망의 경지다. 유식론은 반야심경의 내용과도 일치하지 않고 십우도와도 일치하지 않는다. 바른 깨달음은 교와 일치되는 것이어야 한다.

안이비설신 5관과 6식으로 들어온 정보를 7식에서 희로애락애오욕의 감정을 일으키고, 8식에서 이성으로 판단하고, 9식에서 이타심(도덕과 양심)을 일으킨다.

이때 6식이나 7식에 집착해 있다면 8식과 9식은 작용하지 않는다. 화가 잔뜩 났을 때는 이성이고 양심이고 작용하지 않는다. 양심이 없는 나쁜 사람들은 8식과 9식은 무시하고 6식이나 7식을 주로 쓴다.

인간이 9가지 업식으로 강렬하게 추구하는 것은 식욕·수면욕·색욕·재욕·명예욕의 다섯 가지 욕심이다. 욕심을 채우고 못 채우느냐에 따라 희로애락애오욕 7가지 감정을 일으킨다.

그렇다고 진심(7식)만 일으키는 것은 아니다. 이성으로 조절할 줄도 알고 9식에서는 순수한 양심이 작용한다. 인간은 주로 6,7식을 많이 쓴다.

9식의 근원에는 우주본체심(하나님, 부처님)이 존재한다. 본체심은 형상이 없지만 우주만물을 창조할 수 있는 에너지다. 본체심의 작용은 지혜, 위력, 자비, 대행의 4바라밀이다. 4바라밀은 반드시 삼법인을 깨달아 본체심과 일체가 되어야만 쓸 수 있는 마음이다.

인간이 강렬하게 추구하는 것은 무엇이며 인간의 의식구조는 어떠한지 인간에 대해 깨닫지는 못할지라도 지식으로 알고는 있어야 한다. 인간의 내면을 알아야 감각에 집착해 있을 때는 6

식이 작용하고 있음을 알아차릴 수 있고, 진심(감정)이 일어나면 7식이 작용하고 있음을 알아차릴 수 있고, 이성이 작용할 때는 8식이 작용하고 있음을, 도덕과 양심이 작용할 때는 9식이 작용하고 있음을 알아차릴 수 있다. 인간의 내면을 알기 때문에 마음의 평정을 위하여 7식을 빨리 놓아버리고 8식이나 9식을 쓴다. 8식이나 9식을 많이 쓰기 때문에 복덕을 많이 쌓게 된다.

습관에 따라 근기와 성격이 결정된다. 9식을 많이 쓰는 사람은 양심적인 사람, 8식을 많이 쓰는 사람은 이성적인 사람, 7식을 많이 쓰는 사람은 감성적인 사람, 6식을 많이 쓰는 사람은 감각적인 사람이다.

9식을 많이 쓰면 정수리 쪽 뇌의 회로가 발달하고, 8식을 많이 쓰는 사람은 뒤쪽 뇌의 회로가 발달하고, 7식을 많이 쓰는 사람은 좌뇌의 회로가 발달하며, 6식을 많이 쓰는 사람은 우뇌의 회로가 발달한다. 뇌의 회로가 그렇게 굳어지면 성격을 바꾸기 어렵다. 성격대로 운명이 결정된다. 4념처 명상을 하여 마음을 바꾸지 않는 한 사람은 자기가 지은 업(팔자)대로 산다.

인간의 내면을 분석한 프로이드의 학설이 맞다고 믿는가? 천만의 말씀이다. 인간은 결코 그렇게 단순한 존재가 아니다. 직접 깨닫지 않고 사유만으로 인간의 내면을 말하는 건 편견이다. 프로이드의 학설로는 인간의 의식구조를 제대로 파악할 수 없다.

중국의 어느 선사가 금강경 읽는 소리를 듣고 깨쳤다든가, 또는 촛불을 끄자마자 깨쳤다든가, 또는 손가락을 잘리고 깨쳤다는데, 나로서는 이해가 안 가는 이야기이다. 그런데도 사람들은 믿는다. 그렇다면 왜 석가모니 부처님은 6년 동안 정진을 했을까? 이치를 따지지 않고 믿는 것을 맹신이라 한다. 맹신은 어리석은 사람이 하는 것이다.

이치에 맞게 따져보면 금강경의 내용을 깨달았다는 뜻이지 돈오했다는 뜻이 아니다. 깨달음은 단순한 깨달음이 아니라 업식 하나하나를 역행하면서 생사해탈해 가는 것이다. 어떻게 금강경 읽는 소리를 듣거나 손가락을 잘린다거나 촛불을 끄자마자 생사해탈할 수 있겠는가? 이해할 수 없는 소리다. 중국 선사들 때문에 참선수행이 많이 왜곡되었다고 생각한다.

범부들은 인간의 내면이 이처럼 복잡하고 신통하며 불성佛性이 있어 생사가 없다는 걸 모를 뿐 아니라 알려고 노력도 하지 않고 관심도 없다. 그저 잘 입고 잘 먹고 잘 자고 잘 번식하며 권세를 부리는 데만 정신없다. 인간에서 한 단계 승화할 수 있는 길을 모른다. 자기 내면도 모르면서 만물의 영장이라고 한다. 인간에서 한 단계 승화한 부처라야 만물의 영장이다. 자기 내면을 모르면 눈뜬 봉사나 다름없는 범부중생이다.

제12강

어렵게 깨달은 나의 내면

혹자는 소아를 소멸하고 깨달음을 얻는 일은 세수하다 코 만지기보다 쉽다고 했다. 천만의 말씀이다. 깨달음은 어렵다. 상식적으로 생각해도 생사해탈이 쉬울 리가 없지 않은가. 인간에서 부처로 승화하는 일은 결코 쉬운 일이 아니다. 물론 첫 번째 깨달음은 쉽다. 나는 첫 번째 돈오는 5~6개월 정도 걸려서 깨달았다. 첫 번째 돈오는 쉽지만 점수는 어렵다. 석가모니는 6년 정진해서 돈오점수 했지만 나는 30년을 정진해서 돈오점수했다.

오직 일념으로 30년 동안 화두라는 보이지 않는 끈을 꼭 붙들고 있는 것은 정말 어려운 일이었다. 마음이란 환경 따라 쉴 새 없이 바뀌는 법인데 온 세상 사람들이 부와 권세를 찾아 흘러가는 대류 속에서 나 홀로 거슬러 올라가야 하는 외로움을 견뎌야 했다. 또 여성이기 때문에 속박과 사회적 편견을 견뎌내야 했으며, 자식을 키우고 가르쳐야 하는 무거운 책임을 안고 가난이라는 뼈아픈 현실적인 삶의 고통을 감내해야 했다.

돈을 벌어야 할 가정 형편이었는데도 돈보다 정진을 택했다. 세상살이가 너무 힘들어서 좌절도 했다. 그래도 정진했다. 고독했지만 사람들과 어울리지 않았다. 정진하기 위하여 고독해야만 했다. 그렇다고 부모의 책임을 소홀히 하지도 않았고 자식교육에도 최선을 다했다. 거기다 나에겐 이산 저산 김삿갓처럼 구름따라 흘러 다니고 싶은 운수납자의 끼가 있다. 그 끼를 삭이면서 자제하는 일도 어려운 일이었다. 나에게 주어진 삶과 나의 내면을 깨닫기 위하여 얼마나 몸부림쳤는지 모른다. 정말 어렵게 깨달은 나의 내면이다.

그렇다고 고통스러웠던 것은 아니다. 즐거움이었다. 나의 내면을 한 단계 한 단계 체험하는 것은 이 세상 그 어떤 일보다 흥미로운 일이었고 호기심의 만족이었다. 호기심이 많은 나는 내면에 대한 의문이 강렬하게 일어났기 때문에 정진은 즐거움이었다. 즐기면서 정진했기 때문에 30년 동안 정진할 수 있었다.

좀 더 깊이 내면으로 들어가면 법계는 어떻게 달라지고 내 호흡과 내 몸과 마음의 상태는 어떻게 달라질까? 의문이 강하게 일어났고 이러한 탐구심 때문에 정진을 아니 할 수가 없었다. 그렇다고 죽기 살기로 철야정진은 하지 않았다. 부산에 있는 해운정사까지 가서 일주일 정도 철야정진을 해봤는데 별로 효과적이지 않았다.

초발심을 내고 첫 번째 심우를 시작하여 화두참구를 하면 잠이 쏟아지는 게 정말 장난이 아니다. 열심히 정진하면 할수록 주체할 수 없이 쏟아진다. 주체할 수 없이 쏟아지는데 철야정진은 도저히 불가능했다. 잠이 오는 이유는, 몸은 출장식 호흡으로 인해 편안해지고 마음은 번뇌와 망상이 사라져서 평화롭기 때문이다. 잠을 이겨내기 위해 고민하다가 걸어 다니면서 하기로 결심하고 사람이 없는 밤이나 야산의 산길을 택해서 정진했다.

첫 번째 돈오하는 과정에서는 하루 24시간 화두참구를 했다. 자는 동안에도 화두를 들고 있었다. 그때는 화두참구에 미쳐 있었다. 그때는 남편의 무모한 사업실패에다 사기까지 당하여 집안 형편이 말이 아니었는데도 화두참구를 했다. 남편은 참 야속하게도 끊임없이 고통을 안겨주었다. 그나마 화두참구를 하면 마음이 안정돼서 현실적인 괴로움을 잊을 수 있었다. 살 수도 죽을 수도 없는 얽히고설킨 고통으로부터 벗어나기 위해서라도 정진을 할 수밖에 없었다. 결과적으로 보면 남편이 나를 정진하게 만들었다. 인연이란 참 묘하게 만나는가 보다.

불가佛家에서는 고통을 주는 사람이 스승이라는데, 고통이라는 자극을 받아야 깨달음을 얻을 수 있는가 보다. 깨달음이란 불성을 내면으로 내면으로 역행해 가는 것이다. 흐르는 물을 거슬러 올라가기도 어려운데 불성을 역행해 가기란 이만저만 어려운 일이 아니다. 배부르고 등 따습고 편안하면 그 어려운 정진을 해야 할 이유가 없으므로 해이해져서 집중력이 약하지만 고통이라는 자극을 받으면 이상하게도 강렬한 집중력이 생긴다. 모든 일에는 양면이 있다. 불행을 경험해야 행복할 수 있고 실패를 해야 성공할 수 있으며 고통을 이겨내야 목표달성을 할 수 있다.

첫 번째 돈오하는 과정에서는 죽기 살기로 정진했지만 두 번째 돈오부터는 집중하기가 어렵기도 했지만 좀 해이해져서 게으름을 피우기도 했다. 요즘엔 보살선방에서도 하루 8시간씩 정진을 하지만 나는 혼자서 정진을 해야 했기 때문에 8시간은 정진하기가 어려웠다. 하지만 두세 시간을 하더라도 일념으로 집중해서 했기 때문에 진전이 있었다.

가부좌를 하고 강렬하게 집중하여 출장식 호흡을 하면 반드시 걷잡을 수 없게 잠이 쏟아진다. 억지로 참고 정진하면 혼침에 빠져서 고생만 하고 진전이 안 되므로 효율적으로 정진하기 위해 잠깐 쓰러져 잔다. 30분 정도 자고 난 후에 정진을 하면 잠이 오지 않았다. 30분만 잔다는 게 한 시간이나 잘 때도 있었다. 한 시간을 잤어도 아주 잠깐 일 분 정도 잔 것처럼 깊은 잠을 잔다. 이른 아침에는 반드시 정진을 했다. 그렇지만 공부가 깊어지면서 조금씩 조금씩 잠을 이길 수 있었다.

가부좌를 하고 있으면 50분 정도는 참을 만한데 두 시간 세 시간 정진하다 보면 다리가 아팠다. 억지로 하지 않고 잠깐 다리를 풀면서 했는데도 37세에 시작하여 60세가 되니까 무릎이 가부좌 자세로 굳어져서 구부릴 수도 없고 걷기도 힘들었고 108배는 한두 번도 할 수 없었다.

무릎이 삐뚤어졌으니 가부좌를 하지 말라는 의사의 진단을 받았다. 스스로 원인을 찾아보니 108배를 하지 않아서였다. 삐뚤어지고 굳어진 무릎을 풀기 위하여 걷기도 하고 스트레칭도 해서 무릎의 근육을 강화시켰더니 지금은 괜찮아졌다. 굳어진 무릎을 푸는데 심한 아픔을 참아야 했고 7,8년이나 걸렸다. 108배는 완벽한 요가이기 때문에 참선하는 사람은 반드시 무릎을 풀어주는 108배를 가끔씩 하는 게 좋다.

내가 직접 들은 어느 보살의 경험담이다. 3천배를 하면 소원이 이루어진다고 해서 날마다 3천배를 백일 동안을 했는데 머리가 빠지고 날마다 잔기침을 해서 보살선원에 갈 수가 없다고 했다. 소원을 이룬 것이 아니라 병을 얻은 것이다. 108배도 어려운데 3천배라니… 직접 경험하지 않은 것을 남에게 함부로 가르치면 안 되는 것이고 또 천사의 말일지라도 이치에 합당할 때 받아들여야 하는 것이다. 3천배를 하면 소원성취가 아니라 다이어트 효과는 있을 것이다.

30여 년간 회의 없이 방황하지 않고 정진할 수 있었던 것은 바르게 정진했기 때문이다. 바르게 정진했기 때문에 나의 내면에 대해서 깨달을 수 있었고, 내면으로 한 단계 한 단계 체험하면서 마음의 변화를 깨닫는 게 무척 재미있었다. 나는 어디서 왔다가 어디로 가는지, 또 어떤 업을 지은 누구인지 깨닫는 일처럼 흥미로운 일도 없었다.

나는 치열하게 살았다.
처절하게 고뇌하고…
처절하게 좌절하고…
치열하게 정진하고…
날마다 성숙·발전하고…
깨달음에 이르렀다.
나는 지금 최상최고로 행복하다.
나는 내 인생이 아주 만족스럽다.

제13강
신통미묘한 불성

인간에게는 아니 모든 생명체에는 무엇이 있어 일식에서 9식까지 신통미묘한 온갖 마음을 일으킬까, 의문스럽지 아니한가? 뇌가 한다고 생각하는가? 심장이 한다고 생각하는가? 무엇이 있어 온갖 신통미묘한 마음을 일으킬까?

모든 생명체에는 불성佛性이 있다. 신통미묘한 불성이 있기 때문에 가고 오고 머무르며 몸을 움직이고 온갖 마음을 쓸 수 있는 것이다. 인간이 아닌 다른 생명체도 진화하지는 않았지만 나름대로의 불성과 업식業識으로 마음을 쓰며 살아간다. 호박 넝쿨을 보면 뇌도 없고 눈도 없는데 실 같은 넝쿨로 손처럼 감으면서 자기가 가고자 하는 길을 가는 것이나, 철새들이 계절 따라 수만리를 이동하는 것도 불성이 있다는 뜻이다.

불성은 신통미묘해서 화생의 생명체, 습생의 생명체, 난생의 생명체, 태생의 생명체, 그리고 인간 등 우주 안에 존재하는 모든 생명체를 만든다. 불성의 근원은 우주본체심, 즉 이불理佛이기 때문에 신통미묘하고 전지전능하다. 천차만별로 다른 생명체의 창조력을 보면 자성(불성과 본체심)은 신통미묘하고 신처럼 전지전능하다고 아니 할 수가 없다.

신통미묘한 불성은 인간의 우뇌, 좌뇌, 뒤쪽 뇌, 정수리를 빛보다도 빠른 속도로 오고가며 안이비설신 수상행식 9가지 업식을 수만 개의 신경을 따라 작용한다. 꿈을 꾸는 것도 불성이 있다는 반증이다. 몸은 잠이 들었지만 불성이 깨어 있을 때 꿈을 꾸는 것이다. 불성은 형상이 없다. 굳이 말로 표현한다면 '한 조각의 밝음', '한 조각의 빛'이라고 할 수 있지만 정확한 표현은 아니다.

불성은 9가지 업식이 소멸돼서 혜안慧眼이 열려야 볼 수 있다. 불성은 모든 생명체에 깃들어 있지만 불성을 깨달은 사람은 70억 인구 중에 한두 사람이다. 사실은, 불성을 깨달은 사람은 엄청 대단한 사람이다. 그렇지만 세상에서 가장 외로운 사람이다. 깨달은 사람이 한두 사람밖에 없어서 공감하고 공유하기 어렵기 때문이다.

육체는 죽어도 불성은 죽지 않는다. 육체는 지수화풍地水火風 4대로 이루어진 물질이라 죽으면 흩어져 사라지지만 불성은 우주의 기氣이기 때문에 죽지 않는다. 근본적으로는 생사生死가 없다. 부모는 자식의 육체는 낳을 수 있어도 불성은 낳지 못한다. 불성의 근원은 우주본체심(부처)이다. 부처는 우주 전체의 에너지이고 불성은 개인적인 에너지이다. 불성의 근원이 우주의 에너지이기 때문에 부모가 낳을 수 없고 죽지도 않는다. 알기 쉽게 말하면 불성은 정혼이다. 살아 있는 사람의 불성은 정혼, 죽은 사람의 불성은 영혼이다. 선가禪家에서는 '한 물건'이라 한다.

불성이 있어 화생化生에서 습생濕生으로, 난생卵生으로, 태생胎生으로, 인간으로 윤회하고 진화하면서 육체를 만든 것이다. 불성에는 세세생생 지은 업이 모두 저장되어 있다. 어느 업식業識을 많이 쓰느냐에 따라 그 사람의 천성이 되고 얼굴이 되고 운명이 결정 되고 유전자가 결정된다. 일체의 업이 저장된 불성이 주체이고 육체는 불성의 그림자이다. 불성이 있기 때문에 육체를 만들면서 윤회하고 진화할 수 있는 것이다. 불성은 형체가 없는 기(氣)이기 때문에 깨닫기 어렵다.

불성을 처음으로 깨달은 사람은 인도의 석가모니 부처님이다. 이후 수많은 후손들이 불성(정혼)을 깨닫기 위해 노력했지만 불성을 제대로 깨달은 사람은 많지 않다.

불성을 깨달은 사람은 눈을 보면 알 수 있고 말을 보면 알 수 있다. 깨닫기 전에는 어떤 생각을 하다가 다른 생각으로 바뀔 때 찰나에 눈을 깜박인다. 다시 말해서 6식을 쓰다가 7식을 쓸 때 또는 7식을 쓰다가 8식을 쓸 때 찰나의 깜박거림이 있다. 이는 불성이 빛보다도 빠르게 뇌의 해당 부위로 이동해서 작용하기 때문이다. 그러나 생사해탈하면 불성이 소멸됐기 때문에 찰나의 깜박임이 없다. 보아도 본 것이 아니며 들어도 들은 것이 아니다.

불성을 깨달은 선지식이라면 불성을 깨달을 수 있는 길에 대해서 구체적으로 제시할 수 있어야 하고 또 불성에 대해서 체계적이면서 일관된 지견이 있어야 한다. 이치가 이러한데도 임제선은 주장자를 탕! 탕! 치거나, 할! 하면서 고함을 지르거나, 또는 개구즉착開口卽錯이라며 상대의 입을 막아버린다.

우리나라의 수행자들도 임제의 동문서답 같은 선문답이며, 중국 선사들의 한두 마디 게송을 대단한 법문인 양 추종하기에 바쁘다. 석가모니 부처님이 임제식으로 선문답한 적이 있었던가? 묻지 않을 수 없다.

임제선은 묵조선이다. 묵조선은 선정은 닦지만 선혜를 닦지 않기 때문에 자기 내면을 깨달을 수 없다. 깨달은 내용이 없기 때문에 아리송하기만 한 선문답을 하는 것이다. 임제는 도대체 어떠한 길을 걸어서 무엇을 깨달았단 말인가?

바른 깨달음禪은 교敎와 일치되는 것이어야 한다. 깨달았다는 선사는 교와 일치되는 내용을 설할 수 있어야 하는데 할!이나 외치고 있으니 석가의 가르침과 일치하지 않는다. 다시 말하지만 임제선은 묵조선이다. 묵조선으로는 인간에서 한 단계 승화하여 성불할 수 없다.

임제선과 보조선은 다르다. 임제선은 중국식 화두참구이고 보조선은 정혜쌍수 돈오점수로 화두참구하는 한국식 참선이다. 나는 보조선으로 깨달음을 얻었기 때문에 이 글을 쓸 수 있는 것이지 임제선이라면 할! 하거나 선문답을 흉내 내고 있을 것이다.

내가 이해할 수 없는 것은 후학들이 왜?라는 물음 없이 임제선을 맹목적으로 추종한다는 사실이다. 분명 석가모니 부처님의 깨달음과는 다를 뿐만 아니라 이치적으로도 맞지 않은데도 말이다. 내 견해와 후학들의 견해가 어떻게 이렇게 다를 수 있는지 이해할 수 없다.

불성을 깨달은 석가모니 부처님이 불성을 깨닫지 못한 범부들이 전도몽상의 삶을 살고 있다며 안타까워하면서 말씀한 내용이 경전이다. 나 또한 불성을 깨닫고 많은 이웃들이 인간에서 한 단계 승화하여 행복한 삶을 살기를 간절히 바라는 마음에서 이 글을 쓰고 있다.

비록 불성을 깨닫지는 못할지라도 불성에 대해서 알고만 있어도 신구의를 바르게 쓰게 된다. 불성을 깨닫지 못하면 자기가 누구인지도 모르고 출세간 진리를 모르기 때문에 올바르게 신구의를 쓸 줄 모른다. 올바르게 신구의를 쓸 줄 모르기 때문에 괴로운 삶을 살게 되는 것이다.

삶이 순조로울 때는 나는 누구일까? 인생은 무엇일까? 하고 깊은 생각을 하지 못한다. 처절한 고통을 당하고 나서야 나는 어떤 업을 지었길래 이런 고통을 안고 살아야 하는 걸까? 인생은 무엇일까? 하고 철학적인 사고를 하게 된다. 역경과 고통은 인간에서 한 단계 승화할 수 있는 계기가 된다. 처절한 고통을 안고 보면 절박한 심정으로 그 해결책을 간절히 찾게 되고 불교와 인연이 있으면 명상이나 참선에 관심을 갖게 된다.

불성을 찾는 방법이 '이, 뭐꼬~?'다. '불성이 무엇일까?'이다. '이, 뭐꼬~?'를 화두라 한다. 화두를 참구하는 것이 간화선이며 참선수행이다. 불성은 9가지 업식이 소멸돼서 육신의 눈이 아닌 혜안이 열려야만 볼 수 있다. 9가지 업식을 하나하나 소멸하면서 업식의 작용을 깨달을 수 있고 생사해탈하여 부처로 승화하게 된다.

자성(본체심과 불성)은 참 신통미묘해서 일념으로 탐구하면 그 해답을 얻게 된다. 이를 자성정혜自性定慧라 한다. 화두참구는 자기 내면의 불성에게 수백 번 골백 번 의문을 일으켜 답을 찾는 자성정혜다. 발명하는 사람이 수백 번 골백 번 의문을 일으켜 내면에서 우러나는 직관의 목소리를 포착하고 수백 번 골백 번 실행하면서 발명품을 완성해 낼 수 있는 것도 자성정혜다.

내가 이 글을 쓰고 있는 것도 자성정혜에 의해서다. 내가 체험하고 깨달은 나의 내면을 어떻게 하면 체계적이면서 구체적으로 이해하기 쉽게 설명할까, 수백 번 골백번 의문을 일으키면 하나씩 떠오른다. 계속 의문을 일으키는 것이 아니라 평상시에 어떠한 의문이 일어나면 왜, 그러지? 왜, 그럴까? 어떻게 해결하지? 하고 잠깐 생각하고는 잊는다. 잊고 있었는데 좌선하다 보면 어느 순간 그 답이 떠오른다. 해답이 떠오르면 쓰고 아니면 지우기를 5,000번도 더 했을 것이다. 이 세상 모든 일에는 노력이 99퍼센트 영감이 1퍼센트다.

소원을 성취하기 위한 발원도 자성정혜다. 자성에게 수백 번 골백번 원하면 원하는 것을 얻을 수 있다. 어떠한 신이 있어 해답을 주고 소원을 들어주는 것이 아니다. 인간의 내면에는 신통미묘한 불성과 불성의 근원인 부처(우주본체심)가 작용하고 있기 때문이다. '그럴 리 없을 거야' 하는 중생심이 작용하면 소원이 본체심에 도달하지 못하게 된다. 굳은 신념으로 발원해야 이루어진다.

인간의 내면을 깨달을 수 있는 유일한 길, 인간에서 한 단계 승화할 수 있는 유일한 길, 오직 우리나라에만 있는 소중한 정신적 유산 보조선普照禪이 영원히 사라지지 않기를 간절히 바란다. 절집을 문화재라며 껍데기만 보호하지 말고 절집에 깃든 훌륭한 사상인 돈오점수 정혜쌍수로 닦는 보조선을 지키고 널리 펼 줄 알아야 한다. 보조선이야말로 진정 보호해야 할 소중한 정신적 문화유산이다.

제14강
화생에서 진화

인간의 의식구조는 결코 단순하지 않아서 복잡미묘하기 이를 데 없다. 모든 생명체에는 신통미묘한 불성이 있어서 죽지 않고 윤회하면서 진화한다. 불성은 윤회하고 육체는 진화한다. 인간은 3아승지 겁이라는 까마득한 세월 동안 한 점의 생명체가 화생에서 습생으로 난생으로 태생으로 인간으로 윤회하며 진화한 존재다. 화습란태생으로 진화하는 동안 50단계의 업식을 쌓았다. 3아승지 겁이라는 억겁의 세월 동안 50단계의 업식으로 지은 업이 다르기 때문에 성격도 천차만별 얼굴도 천차만별이다.

인간의 성격이 쉽게 달라지지 않는 것은 3아승지 겁에 걸쳐서 지은 업식의 작용(탐진치)이 태산 같기 때문이다. 인간의 성격은 4념처 명상을 하지 않는 한 쉽게 달라지지 않는다. 따라서 상대를 바꾸려하지 말고 내 마음을 바꿔야 한다. 내 마음도 바꾸기 힘들다면 인간관계를 접고 무소의 뿔처럼 혼자서 가는 게 상책이다. 소통이 안 되는 사람과 인간관계를 지속하면 미움과 갈등으로 내 마음이 얼룩져서 나쁜 업을 짓게 된다.

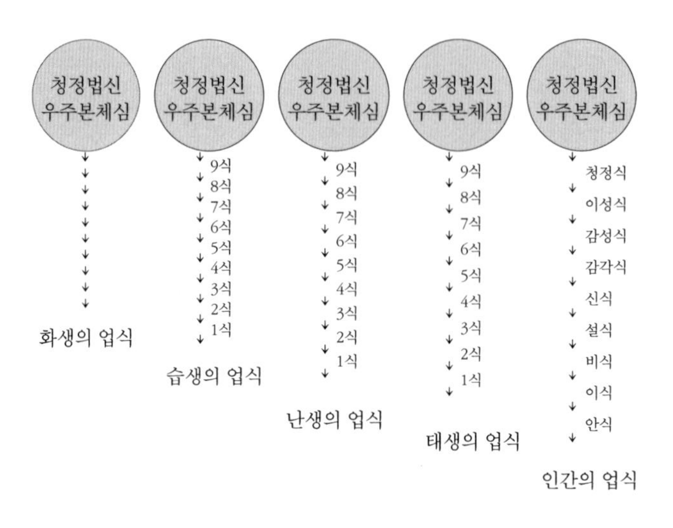

인간의 의식구조

인간의 내면의식은 모두 10가지다. 안식·이식·비식·설식·신식·감각식·감성식·이성식·청정식·우주본체심이다. 인간으로 진화하기 전에는 태생의 삶을 살았으므로 태생의 업식 10가지가 있다. 태생은 모태에 기생하여 태어나는 생명체다.

태생으로 진화하기 전에는 난생의 삶을 살았으므로 난생의 업식 10가지가 있다. 난생은 알로 태어나는 생명체다. 난생으로 진화하기 이전에는 습생의 삶을 살았으므로 습생의 업식 10단계가 있다. 습생은 습기가 있어야만 살 수 있는 생명체다.

습생으로 진화하기 이전에는 화생의 삶을 살았으므로 화생의 업식 10단계가 있다. 화생은 습기가 없어도 공기만 있으면 살 수 있는 아주 작은 생명체다. 화생에서 진화해서 인간이 되었지만 화생의 업식과 인간의 업식은 많이 다르다. 불성을 따라 내면으로 내면으로 역행해 들어가면 50단계의 업식을 체험할 수 있고 진화했음을 깨달을 수 있다.

모든 생명체가 진화할 수 있는 것은 죽지 않는 불성佛性이 있기 때문이다. 죽지 않는 불성이 있어 업을 저장하고 유전자를 만들어 윤회를 거듭하면서 진화할 수 있는 것이다. 의학자의 말로도 침팬지나 개의 유전자와 사람의 유전자는 한두 가지만 다를 뿐 나머지는 모두 같다고 하지 않은가. 사람이 동물과 다른 점은 말을 하여 자기표현을 하는 것뿐 다를 게 없다. 동물과 똑같이 먹고 자고 섹스하고 늙고 죽는다.

의식·관념·습관·개념·인식·통념 등등 모든 마음씀씀이는 진화하고, 마음씀씀이가 진화하면 육체가 진화한다. 인간도 2,000년 전의 인지人智보다 현대인의 인지가 진화했다. 2천여 년 전 인간은 얼마나 무지몽매했으면 훌륭한 성현인 예수를 십자가에 처형하고 지동설을 주장한 갈릴레오를 처형하려 했으며 소크라테스를 독배를 마시게 했겠는가. 인간의 인지는 진화한다. 인지가 진화하면 뇌도 진화한다. 동물도 뇌가 있으므로 인간으로 진화할 수 있는 것이다.

신통미묘한 불성이 있어서 진화하지 않고서야 어머니가 무슨 재주로 영특한 인간을 만들 수 있겠는가. 화→습→란→태→생으로 진화한 불성이 모태에 기생하여 태어난 것이 인간이다. 진화를 믿지 못한다면 인상이라는 어리석음 때문이다.

내가 인간이 되기 이전 모습이 늘 궁금했다. 좌선할 때 가끔씩 참구했는데 어느 순간 경계가 나타났다. 새끼와 같이 있는 어미 얼룩말이었다. 이때 떠오른 경계로 알 수 있는 정보는 생명체를 키우는 모성애는 태생일 때부터 쌓아왔으며 인간으로 진화한 후에도 여자의 삶을 많이 살았다는 뜻이다. 오랜 세월 동안 쌓아온 모성애가 업이 돼서 숙명적으로 여자의 삶을 살 수밖에 없었고, 자식을 키우기 위해서 희생해야 하는 숙명을 안고 태어난 여자의 삶은 슬프고 고달팠다.

그러다 불법을 만나 마음을 닦아서 여자의 업을 버리고 남자의 몸을 받아 화두참구를 시작했다. 여자의 삶이 싫으면 모성애를 버리고 희생정신을 강단 있게 버리면 되는 것이다. 여자로 태어나거나 남자로 태어나는 것도 마음먹기 달린 것이다. 나는 부처님 당시에는 명망 있는 거사였다. 선정이 깊어지면 육안으로 볼 수 없는 자신의 전생을 알 수 있다.

남자로 태어나기도 하고 여자로 태어나기도 하면서 입장을 바꾼 삶을 살아야 거칠지도 않고 연약하지도 않은 외유내강의 원만한 성격을 지니게 된다. 여자의 삶을 살기도 하고 남자의 삶을 살기도 하면서 자유롭게 살아온 보살은 관세음보살이다.

그런데 정말 이해 못할 일은 하나님이 흙으로 아담을 만들고 아담의 갈비뼈에서 이브를 만들었다는 성경을 믿는다는 사실이다. 이런 말을 믿는 것을 보면 어처구니가 없다. 과연 이치에 합당한가?

화습란태생으로 진화한 것은 자기가 신구의로 자기를 창조한 것인데 하나님이 흙으로 창조한 존재라고 생각하는 것은 중생상衆生相이라는 치심 때문이고, 진화했음을 모르는 것은 인상人相이라는 치심 때문이다. 이러한 치심 때문에 가당치도 않은 창조설을 믿는 것이다. 화두참구로 어서 빨리 어리석음으로부터 벗어나야 한다.

웃지못할 이야기가 있다. 요즘엔 보살들도 선방에서 하루 여덟 시간씩 석 달간 정진을 하는데, 보살들이 하는 말, '비구니나 보살이 깨달았다고 하면 비구스님들이 쥐도 새도 모르게 죽여버린다네.' 당연히 사실이 아니겠지만 남성 우월주의, 남존여비 의식이 도사리고 있다는 의미일 것이다.

사실 나도 어느 절의 주지스님께 깨달은 사람의 눈은 다르다고 한마디 했다가 어떻게나 화를 내면서 호통을 치는지… 여자가 무얼 아느냐? 하는 남성 우월주의 의식이 작용한 것 같았다.

그렇지 않다면 화 낼 이유가 없지 않은가. 깨달았다는 선지식의 눈을 확인해 보면 될 일 아닌가? 체험하고 하는 말이고 확인하면 알 수 있는 말을 믿으려 하지 않고 화부터 내는 것은 자질 문제다. 구산 스님의 눈은 분명히 달랐다. 나는 지금도 깨달았다는 선사가 법문을 할 때는 눈을 뚫어져라 응시한다. 눈이 모든 걸 말해주기 때문이다.

업식이 소멸돼야 깨달을 수 있고 업식이 소멸되면 눈이 달라진다. 깨달은 선지식의 눈은 찰나의 깜빡임이 없다. 깨닫지 못한 범부의 눈은 생각이 바뀔 때마다 아주 찰나에 눈을 깜빡인다. 6식을 쓰다가 7식을 쓸 때, 또는 8식을 쓰다가 9식을 쓸 때 찰나에 깜빡인다. 불성이 우뇌에서 작용하다가 좌뇌에서 작용하다가 뒤쪽 뇌에서 작용하다가 정수리에서 작용하면서 산발적으로 작용하기 때문이다.

깨달은 선지식은 어디가 어떻게 다른지 알아차릴 수 있는 안목이 있어야 한다. 주장자를 탕! 탕! 치면서 선문답한다고 깨달은 선지식이 아니다. 선지식을 구별하는 통찰력도 있어야 한다.

여자를 비하하는 말은 또 다른 절의 세 분 스님에게도 들었다. 보살들을 앉혀놓고 법문을 하는 자리였는데 석가모니가 여자는 성불할 수 없다고 했다는 거다. 여자들만 있는 자리에서 왜 그런 말을 하는가? 여자는 수행하기 어려운 시대적 상황이었기 때문에 여자는 성불하기 어렵다는 의도였을 것이다. 또 참선수련회에 참가하고 정진에 몰입해 있는 나를 보고 하는 말, "용쓰지 마라." 또 다른 스님은 "여자의 몸을 벗고 남자의 몸을 받고 정진하라." 그래서 결심했다. '반드시 깨달아서 여자가 성불할 수 있음을 보여 주마! 여자 몸속에서 나와서 여자의 젖을 먹고 자란 주제에 여성을 비하할 자격이나 있나?'

여자를 비하하는 일은 남자들만 하는 것은 아니다. 내 어머니도 남존여비 추종자다. 딸은 키워서 남의 집으로 시집 보내버리지만 아들은 평생 의지할 수 있어서 귀하고 소중하다는 차별 때문에 나는 존중받지 못했고 자존감이 존재하지 않았다. 내가 사랑하는 어머니에게 조차 쓸모없는 못난 여자라고 생각되어 다른 사람 앞에서는 얼굴이 빨개지면서 말 한마디 못했고 남자는 신처럼 대단한 존재인 줄 알았다. 40세까지도 그러다가 화두참구로 법력이 쌓이면서 조금씩 조금씩 자존감을 회복할 수 있었다. 내 어머니는 부창부수, 칠거지악, 삼종지의, 여필종부, 남자는 하늘 여자는 땅, 여자는 출가외인 등등 이조시대 잘못된 사회통념의 영향을 많이 받고 자란 세대다. 잘못된 의식은 고스란히 나에게 전해졌다. 어린이에게 너는 검정색이야, 너는 빨강색이야 하고 자꾸 특정 색깔을 주입하면 세뇌돼서 검정색이나 빨강색으로 평생을 살게 된다. 어릴 적 어머니의 영향은 절대적이다.

초등학교 4학년 때 석가탄신일에 난생 처음으로 어머니를 따라 절에 갔는데 법당이며 사방이 환한 등불을 보면서 나를 위한 등불처럼 기쁘고 설렜다. 내 이름이 쓰인 등을 열심히 찾았는데 남동생 이름이 쓰여 있는 등은 있었지만 내 이름이 쓰인 등은 없었다. 뭐라 표현할 수 없는 충격이 마음 깊이 휘몰아쳤다. 그 서운한 기억은 지금도 생생하다. 또 어머니께 중학교 진학하겠다고 했더니 계집년이 무슨 중학교를 가냐며 꼴망태로 나를 때렸다. 그래도 일주일간 데모했더니 아버지는 일찍 돌아가시고 안 계셨기 때문에 작은아버지가 중학교를 보내주셨다. 중학교 졸업하고 고등학교를 가고 싶은데 보내주지 않아서 제주에서 광주 이모 집으로 가출했다. 이모의 설득으로 어머니가 고등학교를 보내주셨다. 하얀 도화지 같이 깨끗한 어린 마음에 상처를 준 고향이 싫어서 나는 타향에서 산다. 어찌했든 낳아주고 키워주신 은혜보다 가르쳐주신 은혜에 깊이깊이 감사드린다.

현 시대는 여자가 못하는 게 없다. 대통령도 하고 총리도 하고 검판사도 하고 군인도 한다. 2,500년 전 석가모니 시대는 전쟁이 난무하는 무지한 철기시대였다. 예수가 태어나기 500년 전이었고 우리나라는 국가조차 제대로 형성되지 않은 고조선 시대였다. 그 시대 인간들이 얼마나 무지몽매했으면 예수님을 십자가에 못을 박아 처형하겠는가. 더구나 예수가 태어나기 500년 전이었으니 여성이 성불하기 어려운 사회적 환경이었다. 따라서 석가모니 부처님이 말했다는 "여자는 성불할 수 없다"는 말은 틀린 말이다. 불법은 결코 남녀차별을 하지 않는다.

미래의 부처님은 여성이다. 석가모니 부처님은 나무 밑에서 정진했기 때문에 새들이 똥을 싸서 머리가 울퉁불퉁하지만 미륵 부처님은 머리에 뭔가를 쓰고 있다. 이는 여자의 머리를 상징한다. 미륵 부처님은 여성이다. 20세기까지는 남성의 역사였지만 21세기 소프트웨어시대는 여성이 모든 면에서 유리하다. 여성은 섬세하면서 직관이 발달해 있기 때문에 마음 닦는 것도 남자보다 유리하다. 마음 닦는 일은 힘으로 하는 것이 아니다.

인간은 자기에게 유리한 의식은 몇 천 년이란 세월이 흘렀는데도 바뀌지 않고 고수하는 데는 정말 끈질기다. 20세기까지는 힘으로 세상을 움직이는 사회였으므로 힘센 남자가 우월하다고 볼 수 있다. 21세기는 인지가 발달한 사회이므로 섬세하고 배려심과 유연성 있는 사고력이 특징인 여성이 우월하다. 남자는 남자의 특성이 있고 여자는 여자의 특성이 있는 법인데 남자는 존중하고 여자는 비하하고… 세상에 이런 어리석음이 있다니 참, 인상人相은 온 세상의 여성을 슬프게 하는 무서운 어리석음이다.

남존여비는 잘못된 사회관습이며 남자들이 주장하는 잘못된 논리며 불의不義다. 불의에 분노할지언정 기죽을 이유가 없다. 남자에게는 인간으로 진화하기 이전부터 쌓아온, 여자를 힘으로 정복하려는 야욕이 있다. 여자를 만만하게 보고 얕잡아봐야 정복할 수 있는 것이지 존중하고 두려워하면 정복할 수 없기 때문에 힘의 논리를 펴면서 허세를 부리는 것이다. 남존여비는 인간으로 진화하기 전 수컷의 습이 남아 있어서 인간으로 성숙하지 않았다는 뜻이다. 남자는 변해야 한다.

남존여비는 인간이 화생에서 진화한 존재임을 모르는 인상人相이라는 어리석음 때문이다. 인간이 되기까지 화생의 삶을 살다가 습생의 삶을 살다가 난생의 삶을 살다가 태생의 삶을 살다가 인간으로 사는 동안에 암컷이 됐다가 수컷이 됐다가 남자가 됐다가 여자가 됐다가 변화무쌍하기 이를 데 없는 삶을 살아왔음을 모르고 남자는 존중하고 여자는 비하하는 인상 때문에 아주 많은 죄를 짓는다.

인상 때문에 생명체의 소중함을 모르고 살생을 하거나 인종차별을 하거나 남녀차별을 하여 생명체를 괴롭히는 어리석은 업보를 짓는다. 살생을 하면 병약하거나 불구가 되는 과보가 따르고, 가족일지라도 인간을 멸시하거나 괴롭히면 원수가 돼서 악연으로 만나게 된다. 모든 생명체에는 불성이 있어서 모든 기억들이 불성에 저장돼 있다가 다음 생까지 무의식적으로 작용하기 때문이다. 모든 생명체에게 불성이 있음을 아는 보리살타는 약자에게는 물론 한낱 미물에게도 함부로 하지 않는다.

불교의 불살생계는 이처럼 깊은 이유가 있어서 범하지 말라고 하는 것이다. 생명체와의 소통과 상생과 화합의 삶을 찾는 것이 진리를 거스르지 않는 올바른 삶이며 행복한 삶을 살 수 있는 길이다.

제15강
모든 생명체의 근원, 우주본체심

인간의 업식은 안이비설신 5감과 감각식·감정식·이성식·청정식의 4가지 내면의식이 있다. 9가지 업식의 근원에는 우주본체심이 있다. 일체중생이 본래 부처다. 우주본체심은 불교에서는 청정법신 비로자나불(이불)이라 하고 신본주의 종교에서는 하나님이라 한다. 우주본체심은 이불理佛이고 석가모니 부처님은 사불事佛이다. 사불은 50단계의 업식을 소멸하고 우주본체심으로 돌아가 본체심과 일체가 된 부처다. 사불과 이불을 구별해서 이해해야 한다.

우주본체심에 대한 이해의 수준은 종교마다 다르다. 신본주의 종교는 본체심을 신격화하여 맹신하지만 불교는 우주본체심을 막연히 신격화하여 숭배하지 않고 본체심으로 돌아가 일체가 되는 게 구경목표다. 인간이 우주본체심으로 돌아가 하나가 되면 신이라고 하지 않고 부처라 한다. 부처가 되는 일은 참선수행으로 화두참구를 하면 가능하다. 우주본체심을 깨닫기 위하여 많은 불제자들이 정진하고 있지만 바르게 깨달은 사람은 거의 없다. 본체심을 깨닫는 일은 매우 어렵기 때문에 부처는 3천년만에 한 분 출현하신다.

맹신이 고급 종교인가? 깨달음이 고급 종교인가? 어리석을수록 맹신을 하고 지혜로울수록 스스로 깨닫는다. 신본주의 종교는 신격화하여 숭배하면서 복을 빈다. 한마디로 기복종교다. 하나님에 대해서 모르기 때문에 할 수 있는 것은 숭배하며 복을 달라는 기도뿐이다.

우주본체심 그 자체는 말과 글로 표현하기 어렵지만 체상용으로 설명할 수 있다. 본체심 그 자체는 열반적정(생사해탈), 형상은 제법무아, 쓰임새, 즉 현상은 제행무상(제법연기)이다. 중국 선사의 어록을 보면 '부처가 무엇입니까?'라는 물음에 '마삼근', '마른 똥 막대기', '뜰 앞에 잣나무', '무'라고 답하고 있다.

우주본체심을 신격화하는 신본주의 종교는 어쩔 수 없지만 3법인을 깨달은 선지식이라면 이치에 합당하면서 알기 쉽게 구체적으로 설명할 수 있어야 한다. 불성이며 우주본체심 그 자체는 말과 글로 표현하기는 어렵지만 이치에 합당한 설명은 가능하다. 이치에 합당하지 않은 옛 중국 선사들의 말에만 매달리지 말아야 한다. 부처는 체상용 삼법인으로 구체적으로 설명해야 하는 것이다.

우주본체심은 물질이 아니라 우주의 근본 에너지이다. 우주 안에 있는 에너지가 아니라 우주를 감싸고 있는 에너지다. 우주가 에너지를 만든 게 아니라 우주 에너지가 우주 만물을 만들었다. 우주 만물의 근원, 즉 유정 무정의 본래 근원이 우주본체심이다. 우주본체심은 형상이 없다. 말과 글로 표현할 수는 없지만 묘하게 존재한다.

그러므로 인간의 태초의 근원은 부모가 아니라 우주본체심이다. 우주의 기氣는 형상이 없으면서 묘하게 있다. 또 언제나 변함없이 여여하게 존재한다. 우주본체심은 형상이 없지만 천차만별의 유정과 무정을 만들고 양과 음을 만들어낸다. 아니, 천차만별의 유정과 무정이 우주본체심의 기운을 끌어다 천차만별의 유정과 무정을 만들고 양과 음을 만든 것이다. 우주본체심과 우주 만물은 하나이면서 둘이고 둘이면서 하나다.

참선수행으로 불성을 따라 안식에서 이식으로 비식으로…… 9식까지 역행해 들어가면 업식과 불성이 소멸되면서(이때 불성은 정수리를 떠난다) 본체심과 일체가 된다. 본체심과 일체가 되면 우주 전체가 공해지면서 묘하게 작용하고 있는 우주의 기를 느낄 수 있다.

본체심(청전법신 비로자나불)과 일체가 된 그 자체를 열반적정이라 한다. 청정법신과 일체가 되려면 9가지 업식과 불성을 소멸해야 하는데, 업식과 불성이 소멸된 것은 곧 열반이며 생사해탈이다. 그러니까 열반적정에는 열반과 생사해탈의 의미가 포함되어 있다.

열반적정이 되면 본체심의 형상(제법무아)과 본체심이 현실로 나타난 모양(제행무상) 체상용 삼법인을 깨달을 수 있다. 본체심의 체와 형상과 쓰임을 깨닫게 된다. 우주본체심의 체상용인 열반적정·제법무아·제행무상을 삼법인이라 한다. 3법인을 깨달으면 소아(불성)가 소멸됐기 때문에 중생심이 일어나지 않고 본체심의 작용, 즉 4바라밀이 작용한다.

우주본체심은 사실 말과 글로 표현하기 어렵다. 부처라 해도 틀리고 하나님이라 해도 틀리다. 그야말로 개구즉착이다. 현대는 과학이 발달한 시대니까 '우주 생기기 이전의 기氣'라고 표현하는 것이 나을 것 같다. 말과 글로 표현할 수는 없지만 참선수행을 하면 깨달을 수 있다.

우주 만물의 근원인 우주본체심을 깨닫고 인간에서 한 단계 승화할 수 있는 간화선은 어마어마한 수행이므로 한두 생에는 깨달을 수 없고 수십 생, 수백 생을 수행해야 깨달을 수 있다. 만일 이생에 깨달음을 얻었다면 수십 생, 수백 생을 오직 한마음으로 정진했기 때문이다. 반드시 우주본체심을 깨달아야 인간에서 한 단계 승화하여 부처가 될 수 있고 부처가 돼야 열반락을 누릴 수 있다.

제16강
불성을 소멸해야

불성에는 3아승지 겁 동안 화습란태생으로 진화하면서 먹고 자고 종족을 퍼뜨리며 사는 동안 쌓은 9가지 업식과 업식의 작용(탐진치심)이 저장돼 있다. 불성과 9가지 업식과 탐진치심을 '소아에 대한 집착'이라 한다. 소아에 대한 집착 때문에 괴로운 전도몽상의 삶을 살지 않으면 안 된다. 소아에 대하여 집착할 수밖에 없는 근본원인은 불성이 있기 때문이다. 불성을 가지고 태어나면 어떻게든 살아야 하므로 탐진치심을 일으킬 수밖에 없다. 그러므로 불성은 어쩔 수 없는 원죄 같은 것이다. 원죄를 소멸하면 소아에 대한 집착으로부터 벗어날 수 있다.

신본주의 종교에서는 이브가 사탄의 유혹으로 선악과를 따먹은 것이 원죄이고 원죄 때문에 에덴동산에서 쫓겨났다는데 그 말을 믿는가? 그 어느 누가 어떤 말을 하건 이치에 합당한지, 앞뒤가 맞는 말인지 분별하고 믿어야 한다. 이치를 따지지 않고 믿는 맹신, 정말 무서운 어리석음이다.

옛날이야기 같은 창조설이나 이웃을 사랑하라는 말은 촌로도 할 수 있다. 절대불변하는 진리를 말할 수 있어야 하고 진리를 깨달을 수 있는 길을 정확하게 말할 수 있어야 고급 종교다.

소아에 대한 집착의 근본 원인은 불성이므로 불성을 소멸하지 않으면 안 된다. 불성을 소멸하려면 일식에서 9식까지 역행하고 9식도 초월하여 우주본체심과 합일合一돼야 한다. 소아가 소멸됐으므로 열반이며 본체심으로 돌아가 귀합歸合됐으므로 돈오다. 열반과 돈오를 5번 반복해야 불성이 완전히 소멸되고 반야지(4바라밀)가 완전히 드러난다. 이때 인간에서 완전히 승화한 부처님이다.

불성이 있을 때는 자꾸 자기를 내세우는 아상이 작용하기 때문에 온갖 진심이 일어나서 마음이 혼란스럽고 평화롭지 못하지만 불성이 소멸되면 아상이 일어나지 않고 아상이 일어나지 않으므로 진심도 일어나지 않는다. 스스로 괜히 즐겁다. 싫은 사람을 미워하고 싶어도 미운 마음이 일어나지 않는다. 물론 가까이 하지도 않는다. 관심을 두지 않고 방하착한다.

불성이 소멸되어 소아가 작용하지 않아 마음에 갈등이 없는 행복을 불교 용어로 적멸 또는 열반락이라 한다. 소아(불성과 업식)가 소멸됐기 때문에 생사해탈이 돼서 탐진치심으로 인한 갈등이 없다. 갈등이 없으니 마음은 평화롭고 몸도 편안하다. 마음은 평화롭고 만족스러워 괜히 즐겁고 행복감이 마음 가득하여 저절로 미소 짓게 된다. 몸은 가벼워 하늘을 날 것 같고 꿈도 꾸지 않고 아주 깊은 잠을 잔다. 육체는 잠을 자지만 불성이 잠을 자지 않고 있기 때문에 꿈을 꾸는 것이다. 번뇌와 망상을 내려놓지 못할 때 꿈을 꾼다. 열반락을 얻으면 세상의 그 어떤 부귀영화도 부럽지 않다.

인간에서 한 단계 승화할 수 있는 길이 있음을 모르는 인간들은 돈만 있으면 행복할 줄 알고 죽기 살기로 돈에 집착하다가 늙고 병들어 죽고 만다. 이러한 삶은 끝도 없이 생사 윤회한다. 참선하면서도 먹고 살 정도의 돈은 벌 수 있다. 술 마시고 놀러 다니고 잡담하는 시간만 아끼면 생업을 하면서 참선할 수 있다.

인간에서 부처로 승화하여 열반락을 누릴 수 있는 최상최고의 삶은 한두 생에 이룰 수 없으므로 수십 생을 조금씩 조금씩 닦아 나가야 한다. 보살행으로 복덕을 지어 상근기의 성현이 돼야 하고 진일보해서 돈오점수로 소아를 소멸해야 부처가 된다.

제17강
출세간 진리, 삼법인

불성을 따라 일식에서 9식까지 업식을 소멸하고 우주본체심에 이르는 내면여행을 통해서 9가지 업식의 작용과 우주본체심의 체상용 삼법인을 깨달을 수 있다. 삼법인은 눈으로는 볼 수 없고 혜안으로만 볼 수 있는 우주자연의 3대 법칙이다. 3대 법칙을 깨달아야 어리석은 관념으로부터 벗어날 수 있고 인간에서 한 단계 승화한다.

본체심은 불교에서는 청정법신 비로자나불이라 하고 신본주의 종교에서는 천주님 또는 하나님이라 한다. 비로자나불과 천주님·하나님은 같지만 이해하는 수준이 다를 뿐이다. 청정법신 비로자나불은 이불理佛이고 석가모니 부처님은 사불事佛이다.

이러한 본체심과 일체가 되면 3법인을 깨달을 수 있다. 3법인은 열반적정(생사해탈), 제법무아, 제행무상(제법연기)이다. 3법인을 깨달았을 때 돈오頓悟라 한다.

열반적정은 본체심과 일체가 된 그 자체를 말한다. 본체심과 계합되면 열반이며 생사해탈이다.

제법무아는 본체심으로 돌아가고 보면 너와 나라는 구별도 없고 사람과 동물의 구별도 없으며 유정有情·무정無情의 구별도 없어 공하다. 우주 전체가 하나다.

우주 안에 존재하는 만물은 인과 연에 의해서 생겨나고 멸한다. 인과 연에 의해서 성주괴공하므로 변하지 않는 것은 없다. 제행무상과 제법연기는 같은 의미다. 우주만물은 연기에 의해서 일어났다 소멸하므로 항상할 수가 없다. 인과 연은 항상 변화하기 때문이다.

우주의 3대 법칙을 깨달으면 4가지 어리석음이 사라지면서 4가지 반야지혜가 드러난다. 수자상은 지혜바라밀로, 중생상은 위력바라밀로, 인상은 자비바라밀로, 아상은 대행바라밀로 달라진다. 4념처 명상으로 지혜, 위력, 자비, 대행의 4가지 덕목은 쌓을 수 있어도 4바라밀은 드러나지 않는다. 반드시 3법인을 깨달아야 4바라밀이 드러난다.

깨달음을 육신통六神通이 자재하고 기상천외하고 신비스러운 것처럼 생각하는 사람들이 있다. 육신통의 의미는 마음의 상태를 말하는 것이지 몸까지 육신통을 부린다는 뜻이 아니다. 육신통은 깨닫지 못한 범부에게는 불가능한 일이므로 신통神通은 신통이다.

50단계의 업식과 불성을 소멸하여 애착과 집착이 사라졌으니 누진통漏盡通이다. 인간의 내면을 깨달았기 때문에 상대의 마음을 알아차리는 타심통他心通이 있다. 화생에서 인간으로 진화한 존재임을 깨달아 아는 것은 신족통神足通이며, 전생의 모습을 깨달아 어떤 업을 지었는지 자기를 아는 것은 숙명통宿命通이다. 현상세계를 초월하여 우주본체심을 볼 수 있는 것은 천리를 볼 수 있는 것이므로 천안통天眼通이다. 본체심과 일체가 되면 소리도 들을 수 있으니 천이통天耳通이다.

4상으로부터 자유로운 사람,
그에게는 더 이상의 속박이 없다.
4바라밀을 얻었으니 미혹(4상)이 끊어졌다
그러나 4상에 집착해 있어서
그릇된 견해에 묶여 있는 사람은
세상과 속박된 삶을 살아간다.
_숫타니파타

제18강
4바라밀은 반야지혜

3법인을 깨달으면 4상이 사라지면서 4바라밀이 드러난다. 수자상은 지혜바라밀, 중생상은 위력바라밀, 인상은 자비바라밀, 아상은 대행바라밀로 달라진다. 4바라밀은 의지력으로 지어먹은 마음이 아니라 본체심과 일체가 되면 저절로 일어나는 무위의 마음이다. 무위의 마음이 드러나야 열반락으로 살 수 있는 부처다.

◎수자상이라는 어리석음이 사라지면 지혜바라밀이 드러난다.

①불성의 존재를 깨달아 주객이 전도된 삶을 살지 않는다.

②불성은 죽지 않고 윤회한다는 진리를 깨닫는다.

③명경지수 같은 불성에 자신의 생각과 말과 행위가 모두 저장되고 있음을 깨닫는다.

④내면에 깃든 불성과 인과 법칙을 가장 두려워하므로 양심을 속이지 않는다.

⑤내생을 기약할 수 있기 때문에 죽음에 대한 불안 공포가 사라진다.

⑥세간법에 통달한다.

⑦성불할 수 있는 인연 따라 자유롭게 태어난다.

◎중생상이라는 어리석음이 사라지면 위력바라밀이 드러난다.

①내가 곧 우주의 주인이요 내 인생의 창조자임을 깨닫는다.

②자존감을 회복하여 주체적인 삶을 산다.

③남에게 의지하지 않고 자주자립정신으로 산다.

④법에 의지하고 법 아닌 것에 의지하지 않는다.

⑤우주 전체가 나이므로 고독하다는 생각이 없다.

⑥인간에 대한 소유욕이 없으므로 인간관계로부터 자유롭다.

◎인상이라는 어리석음이 사라지면 자비바라밀이 드러난다.

①모든 생명체는 화습란태생으로 진화한다는 것을 깨닫는다.

②4무량심으로 생명을 존중한다.

③살생을 하지 않을 뿐 아니라 육식을 즐기지도 않는다.

④약자를 찍어 누르지 않는다.

◎아상이라는 어리석음이 사라지면 대행바라밀이 드러난다.

①아집이 사라져서 마음이 청정하다.

②편견이 사라지고 객관적이며 합리적이다.

③인간을 이해하고 포용하는 넓은 마음이 일어난다. 불성이 있으면 어쩔 수 없이 아상을 일으키는 범부의 마음을 이해하기 때문이다

④4섭법으로 화합을 중요시한다.

지혜, 위력, 자비, 대행의 4가지 덕목은 보살행으로 지어먹은 마음이지만 반야지혜는 3법인을 깨달아 저절로 우러나는 무위의 마음이다. 반야지혜가 드러나야 부처이며 열반락으로 살 수 있다.

제19강
화두참구

화두話頭는 말머리라는 뜻이지만 참선할 때의 화두는 '이, 뭐꼬?'다. 중국 조사들의 화두는 '무無' 또는 '마삼근', '뜰 앞에 잣나무', 이외에도 여러 가지가 있다.

좋은 화두는 의문이 일어나야 하는데 중국 선사들의 화두는 엉뚱하기 그지없어 도대체가 의문이 일어나질 않는다. 의문이 일어나지 않으면 깨달을 수 없는 것은 당연한 이치인데 아무 생각 없이 좋지 못한 화두를 들고 참선하는 사람들이 많다. '무無'자 화두를 들고 무無, 무無 하고 앉아 있으면 백 년이 가도 깨달을 수 없다.

화두는 반드시 의문을 일으켜 참구해야 한다. 무엇을 참구하는가? '불성이 무엇일까?'이다. 형상은 없지만 가고 오고 머무르며 신통미묘하여 온갖 마음을 일으키는 불성이 무엇일까? 줄여서 '이, 뭐꼬'다. '이' 하면서 들이마시고 '뭐꼬~' 하면서 길게 내리쉰다. 참을 수 있을 때까지 참았다가 다시 들이쉰다. '이, 뭐꼬~' 할 때마다 '불성이 무엇일까?' 하고 발명가의 연구심처럼 거듭 거듭 반복해서 의문을 일으켜야 한다.

생각만으로 의문을 일으키는 것이 아니라 눈은 반개하고 집중해서 법계를 보아야 한다. 법계는 내면을 역행해서 혜안이 열려야 드러난다. '이, 뭐꼬~' 화두는 자연스럽게 의문이 일어나므로 깨닫기 좋은 화두이다. 화두를 참구하는 수행을 화두선話頭禪 또는 간화선看話禪이라 한다.

'이, 뭣꼬~?'는 '나는 누구인가?'라는 나에 대한 탐구다. 그렇지만 나는 육체도 있고 정신도 있으며 사회적인 위치도 있기 때문에 나는 누구인가? 하고 의문을 일으키는 것은 포괄적이지만 '이, 뭣꼬?'는 '불성이 무엇일까?' 하고 나를 근본적으로 탐구하는 것이다. 내가 존재하는 근본 원인인 불성을 깨달으면 내가 누구인지, 내가 존재하는 이유를 깨달을 수 있다. 내가 존재하는 이유를 깨달으면 일체중생이 존재하는 이유와 세상만사의 이치도 깨달을 수 있다. 이, 뭣꼬를 참구하는 화두선은 인간이 존재하는 이유에 대한 탐구이므로 최고의 인문학이다.

마음은 참 신통미묘 해서 생각생각 일념으로 의문을 일으키면 그 답을 준다. 원하는 것도 일념으로 수백 번 수만 번 구하면 언젠가는 얻을 수 있듯이… '불성이 무엇일까?' '불성이 무엇일까?' 하면서 불성을 따라 내면으로 내면으로 역행해 들어가면 우주본체심에서 백척간두 진일보 할 때 불성의 실상을 보게 된다. 이때 견성이다. 견성을 하지 못하면 범부중생이고 견성을 하면 부처다. 견성을 다섯 차례 해야 성불한 부처님이다.

제20강
정혜쌍수해야

부처가 되려면 소아를 소멸해야 한다.

소아를 소멸하려면 불성을 소멸해야 한다.

불성을 소멸하려면 정과 혜를 쌍으로 닦아야 한다.

정은 선정禪定이고 혜는 선혜禪慧이다.

선정은 신身에 집중하는 것이고 선혜는 혼(불성)에 집중하는 것이다.

선정은 호흡에 집중하고 선혜는 법계에 집중하는 것이다. '이' 하면서 호흡을 보고 '뭣꼬~' 하면서 법계를 본다. '이' 할 때는 호흡을 짧게 하고 '뭣꼬~' 할 때는 호흡을 길게 한다. 단전을 등쪽으로 힘을 주면서 가능한 길게 출장식 호흡을 한다. 출장식 호흡을 길게 하면서 집중해서 법계를 관해야 한다.

선정은 호흡을 소멸하는 수행이다.

호흡이 죽어야 불성을 볼 수 있다.

호흡과 불성이 소멸돼야 무아이며 적멸이다.

무아이며 적멸일 때 본체심과 일체가 된다.

신(선정)을 관할 때는 지금 이 순간 호흡과 몸의 상태(감각)를 관하면서 호흡은 어디까지 내려가며 호흡 소리는 잔잔한가 거친가, 짧은가 긴가를 세밀하게 알아차리고, 또 감각은 어떠한지 아주 예리하게 알아차려야 한다. 또 호흡과 몸의 상태는 어떻게 달라지는지 예리하게 알아차려야 한다.

선정이 깊어지면 호흡은 가슴에서 배, 단전에서 무릎·발바닥까지 내려간다. 호흡이 내려 갈수록 몸이 이완되고 번뇌와 잡념도 사라져서 몸도 마음도 편안해진다. 선정이 깊어질수록 내쉬고 들이마시는 시간이 길어진다. 내쉬는 호흡을 길게, 가능한 길게 하면 그 반동으로 들이마시는 호흡도 깊게 들이마시게 된다. 몸 안 구석구석 산소 흡입이 잘 되고 이산화탄소 배출이 잘 돼서 신진대사가 잘 된다. 그러므로 몸은 가볍고 피곤하지도 않으며 건강하다. 고인 물은 썩는 법이고 신진대사가 안 되면 병이 든다. 출장식 호흡이야말로 아는 사람만 아는 최고의 건강비법이다. 건강은 지혜로운 자의 것이고 노력하는 자의 것이다.

출장식 호흡은 단전호흡과 다르다. 단전호흡은 단전까지 내려가서 단전을 부풀리는 호흡이지만 출장식 호흡은 단전에서 발바닥까지 내려가는 아주 긴 호흡이다. 호흡이 발바닥까지 내려가기는 결코 쉽지 않다. 호흡이 죽을 때까지 출장식 호흡을 해야 한다. 출장식 호흡을 하면서 지금 현재 자신의 호흡이 어디까지 내려가며 어느 정도 안정돼 있으며 호흡소리는 어떠한지 정확하게 알아차려야 한다.

선정을 닦는 출장식 호흡은 내쉬고 들이쉴 때 깊게 호흡하므로 기혈이 잘 돌아 유산소 운동보다 훨씬 건강에도 좋다. 출장식 호흡도 운동과 같은 효과가 있다. 유산소 운동은 활성산소가 생기지만 출장식 호흡은 활성산소가 생기지 않는다. 선정만 잘 닦아도 몸과 마음이 편안하고 건강해진다.

그렇지만 호흡으로 선정禪定만을 닦으면 화두선(간화선)이 아니라 묵조선이다. 묵조선으로는 깨달음을 얻을 수 없다. 반드시 선정과 선혜禪慧를 쌍으로 닦아야 한다. 선혜禪慧는 불성을 관하는 것, 즉 법계와 마음의 상태(느낌)를 관하는 것이다. 지금 이 순간 법계와 마음의 상태는 어떠하고 또 어떻게 달라지는지 세밀하고 정확하게 알아차려야 한다. 법계와 마음의 상태를 알아차릴 수 있는 예리한 통찰력은 4념처가 청정하여 혜안이 있어야 가능하다.

출장식 호흡으로 선정을 닦는 것은 누구나 할 수 있지만 집중력으로 선혜禪慧를 닦기는 쉽지 않다. 선혜는 집중력으로 자기 내면을 역행해 들어가는 것이다. 일식에 이르렀는지, 이식에 이르렀는지, 어느 식에 이르렀는지 깨닫는 것이다. 법계를 집중할 수 있어야 내면을 깨달을 수 있다.

일식에 이르렀을 때의 법계와 마음의 상태는 어떠하며, 비식에 이르렀을 때의 법계와 마음의 상태는 어떠한지, 설신 6,7,8,9식에 이르렀을 때마다 법계와 마음의 상태는 어떠한지를 깨달아야 한다.

일식에서 본체심까지 역행하는 과정에서 안이비설신 5감과 감각식(6식), 감성식(7식), 이성식(8식), 청정식(9식), 본체심(3법인)을 깨달을 수 있다. 깨달음이란 자기 내면을 하나하나 깨달아 가는 것이므로 오도송 한마디로 설할 수 있는 것이 아니다.

선혜를 닦을 때는 가부좌를 하고 호흡과 함께 눈은 반개하여 코끝 너머 1미터 전방을 응시 한다. 들이마실 때 호흡을 보고 내쉴 때 호흡에 집중하면서 1미터 전방을 응시한다. 응시하면 법계가 열리기 시작한다. 법계는 처음에는 바늘구멍만큼 열리기 시작하며, 집중한 만큼 법계가 넓어지고 넓어진 만큼 내면으로 역행한다. 본체심에 이르면 법계는 우주만큼 넓어지고 우주만큼 공해진다. 눈을 감으면 안 된다. 법계(내면)를 볼 수 없기 때문이다.

선혜에 드는 중요한 문이 있다. 즉 역행을 시작하는 문이 있다. 보조국사가 말씀하신 "그대가 까마귀 울고 까치 지저귀는 소리를 듣는가?" "듣습니다." "그대가 듣는 마음을 돌이켜 들으

라. 어떤 소리가 들리는가?" "모든 소리와 온갖 분별을 들을 수 없나이다." "그렇다면 허공이란 말인가?" "공하지 않아서 환히 밝고 어둡지 않습니다." "공하지 않다는 뜻은 무엇인가?" "모양이 없으므로 말로 할 수 없습니다."

돌이켜 들으라는 뜻은 소리를 듣지 말고 소리의 반대편에서 듣는 것이다. 반대편에서 소리를 들으면 소리도 들리지 않고 분별도 안 된다. 바로 이때가 법계가 열리는 문이다. 여기를 집중해 들어가면 선혜를 닦는 것이다. 코끝 너머 1미터 전방을 응시하면서 법계를 집중해야 한다. 상당한 집중력이 필요하다.

선혜는 강한 집중력으로 자기 내면을 역행해야 하는데 선정을 닦는 것보다 훨씬 어렵다. 절체절명의 순간이라야 가능한 집중력이 있어야 하기 때문이다. 강력한 집중력으로 법계를 집중해야 하는데, 법계를 집중하기가 어렵다. 법계는 불성이 머무르고 있는 자리다. 심우를 시작으로 안식에 이르고, 이식에 이르고, 본체심에 이를 때까지 강력한 집중력이 있어야 한다.

내가 30여 년 정진하는 동안 정혜쌍수定慧雙修에 대해서 구체적으로 가르쳐주는 사람은 아무도 없었다. 중국과 우리나라의 내노라 하는 선사의 어록을 찾아봐도 선혜에 대한 설명은 없었다. 아니 선혜라는 단어조차 없었다. 불일 보조국사만이 정혜쌍수를 주장하고 있지만 자세한 설명은 없었다. 정혜쌍수를 정확하게 알지 못하면 결코 3법인을 깨달을 수 없다. 나의 정혜쌍수를 믿고 정진하면 반드시 깨달을 수 있을 것이다.

사회생활을 하면서 정진하려면 그날 있었던 일들이 떠올라 집중하는 데 방해가 된다. 빨리 집중하려면 먼저 호흡을 다스려야 한다. 몸을 이완시키면서 호흡을 길게 가능한 길게 3~4번 하면 잡념이 사라진다. 잡념이 사라지면 선혜를 닦기 위하여 집중한다. 잡념은 호흡을 보지 않고 법계에 집중하지 않을 때 일어난다. 잡념은 정혜쌍수가 안 될 때 일어난다.

불성은 무겁기가 황소와 같아서 변화를 싫어하고
불성은 가볍기는 바람과 같아서 자유분방하고
불성은 물과 같아서 변화무쌍하고
불성은 참새와 같아서 가만히 있지를 못한다.

이러한 불성을 내면으로 몰고 가려면 굉장한 집중력이 필요하다. 잠시잠깐만 해이해지면 잡념망상이 파고든다. 잡념망상이 들어올 때마다 째깍째깍 시간은 가고 있다. 호흡에 집중하고 법계에 집중하자고 다짐을 한다.

일상 생활할 때의 진언은 "내 마음을 청정하게 내 마음을 지혜롭게."

참선할 때의 진언은 "내 호흡에 집중하고 법계에 집중하자."

제21강
정혜쌍수와 심우도

조금 큰 사찰이라면 벽에 심우도尋牛圖가 그려져 있다. 심우尋牛는 소를 찾는다는 뜻이다. 사람들은 별 생각 없이 보고 말겠지만 그 그림 속에는 굉장한 뜻이 숨겨져 있다. 심우도의 그림은 혜안이 열려야만 볼 수 있는 선경계禪境界다. 첫 번째 돈오하는 과정에서 실제로 심우도의 그림처럼 선경계가 나타난다. 누군가 심우도를 몸소 체험했다면 그는 깨달은 사람이다.

정혜쌍수定慧雙修로 화두를 참구하려면 자기 내면을 역행逆行해야 하는데, 역행이란 자기 내면을 관하면서 내면의식으로 한 단계 한 단계 들어가는 것이다. 눈뜨면 하는 모든 일은 순행이다. 순행은 안이비설신 수상행식으로 밖을 보는 것이고 역행은 안을 보는 것이다. 역행이 곧 선혜禪慧다. 사실 역행에 대해서 아는 사람은 별로 없다. 역행을 안다면 깨달은 사람이다.

심우: 소를 찾아 나선다

견적: 소의 발자국을 발견한다

견우: 소의 꼬리를 발견한다

심우는 황소를 찾는다는 뜻인데, 황소는 불성을 뜻한다. 사실 불성의 힘은 황소처럼 세다. 황소같이 힘이 센 불성을 1식에서 2식으로, 3식으로, 4식으로 몰고 가야 한다. 강력한 집중력이 있어야 가능하다. 절체절명의 막다른 끝에서나 가능한 집중력이어야 한다. 흐르는 물을 거슬러 올라가기도 어려운데 불성을 역행한다는 것은 정말 어려운 일이다.

강력한 집중력으로 역행하노라면 심우의 단계에서 많은 선경계禪境界를 경험하게 된다. 선경계는 혜안이라는 눈이 하나 더 있어야 볼 수 있다. 선경계로 자신의 전생을 알 수 있다. 선경계로 내가 언제 어디에서 무엇을 하며 살았던 누구인지, 나에 대한 특성이 나타난다. 자신의 전생을 알고 나면 너무나 신기해서 누가 하지 말라고 해도 더 열심히 정진하게 된다.

그러나 심우의 단계에서의 선경계는 별로 중요하지 않으므로 그런가 보다 하고 집착하지 말아야 한다. 집착하면 삿된 길을 가게 된다.

경계에 집착하지 않고 다시 집중하노라면 일식인 안식에 이른다. 안식에 이르면 눈에 힘이 들어가고 거울을 보면 내 눈이 무섭다고 느껴진다.

다시 혼신의 힘을 다해 집중하노라면 이식에 이르고… 다시 비식에 이르고… 다시 설식에 이른다. 이때의 선경계가 심우도의 견적見跡이다. 견적은 황소(불성)의 발자국을 본 것이다. 신식에 이르면 견우見牛이다. 견우는 황소의 꼬리를 본 것이다. 견적·견우의 경지에서는 사고력이 없어져서 엉뚱한 생각이나 행동을 하기도 한다.

다시 집중하여 화두참구를 하노라면 6식(감각식)에 이른다. 이때의 선경계는 득우得牛이다. 성나서 날뛰는 황소를 본 것이다.

다시 집중하여 화두참구를 하노라면 7식(감정식)에 이른다. 이때의 선경계는 목우牧牛이다. 순하게 길들여진 황소를 본다.

다시 집중하여 화두참구를 하노라면 8식(이성식)에 이른다. 이때의 선경계는 기우

득우: 소를 붙잡는다

목우: 소를 길들인다

기우기가: 소를 타고 집으로 돌아온다

귀가騎牛歸家이다. 순해진 황소를 타고 집으로 돌아간다.

망우존인: 소는 잊어버리고 사람만이 존재한다.

다시 집중하여 화두참구를 하노라면 9식(청정식)에 이른다. 이때의 선경계는 망우존인忘牛存人이다. 황소는 사라지고 사람만이 한가롭다.

인우구망: 사람도 소도 없는 본래 공(3법인)임을 깨닫는다

모든 선경계는 초선에서는 심우도처럼 실제 그렇게 영상으로 나타난다. 이러한 경계들을 체험하면서 처음에는 무엇을 의미하는지 모르고 내가 지금 꿈을 꾸고 있는 건가 하고 어리둥절하다. 방황할 때마다 돌아가신 구산 스님을 찾아가 바른 길을 물었다. 잘하고 있다는 말씀에 안심하고 다시 집중하여 정진 또 정진하다 보니 십우도의 의미를 명철하게 알게 되었다. 십우도의 선경계를 체험했을 무렵에 나는 참선에 미쳐 있었다. 다른 생각은 없고 오로지 '이, 뭐꼬~' 화두참구밖에 없었다.

견적, 견우, 득우, 목우, 기우귀가, 망우존인의 선경계를 체험하지 않았다면 깨달음이 아니다. 이 경계들은 말이 쉽지 결코 쉽지 않다. 바르게 참구하지 않으면 안식에 이르기도 어렵다. 안식에 이른 참선수행자가 몇이나 될지? 결코 많지 않을 것이다.

다시 집중하여 화두참구를 하노라면 우주본체심에 이르게 된다. 이때의 선경계는 인우구망人牛俱忘이다. 황소도 사람도 모두 없다. 인우구망의 경지는 우주만물의 근원과 일체가 된 일원상一圓狀이다.

이 경지는 소아가 소멸된 경지이다. 반야심경의 '무색 무수상행식'이며 '색즉시공 공즉시색'이며 '수상행식 역부여시'의 경지다. 불성이 본체심과 일체가 됐고 일식에서 9식까지 역행했으므로 불성과 업식이 소멸됐기 때문에 무아의 경지며 열반의 경지며 첫 번째 돈오다.

인우구망에서 백척간두 진일보하여 반본환원 해야 한다. 반본환원의 경지를 벗어나면서 불성을 본다. 견성이다. 반본환원 하고 두 번째 돈오하는 과정에서는 십우도와 같은 선경계는 나타나지 않는다. 오직 호흡의 상태와 감각과 느낌으로 불성을 몰고 가

반본환원: 불성을 깨달고 견성하여 본래 중생심으로 돌아온다

입전수수: 저자에 들어가 중생을 제도한다

야 한다.

경전의 유식론에서는 제8식 아뢰야식까지 설하고 있지만 후학들에 의해 덧씌워진 것임을 간과해서는 안 된다. 경전보다 정확한 것은 십우도이다. 십우도는 체험하여 깨닫는 과정이 정확하게 그려져 있다.

제22강
돈오는 다섯 차례 점수해야

돌아가신 성철 스님의 『백일법문』 중 '돈오점수사상 비판'을 보면 육조혜능 대사의 말씀을 인용하여 돈오는 마음을 단박에 깨닫는 것이고 점수는 근기에 따라서 마음을 닦아가는 것, 즉 보살행이라 했다. 하지만 돈오가 무엇이고 점수가 무엇인지 구체적인 설명이 없을 뿐만 아니라 돈오할 수 있는 길을 구체적으로 제시하지 않고 있다. 어떠어떠한 길을 걸어서 무엇을 어떻게 깨달았는지 명확하면서 구체적으로 제시할 수 있어야 한다.

또한 돈오점수를 종지宗旨로 삼는 조계종은 삿된 종이라고 사정없이 부정해 버렸으니 돈오점수로 깨달음을 얻은 나는 후학에게 미치는 영향을 염려하지 않을 수 없다. 인간에서 한 단계 승화하여 부처가 되는 바른 길이 돈오점수인지 돈오돈수인지는 선불교의 종지宗旨를 좌우할 매우 중차대한 일이기 때문이다. 돈오와 점수의 뜻이 무엇이고 돈오할 수 있는 길은 어떠한지 구체적으로 명확하게 제시하면 돈오점수가 맞는지 돈오돈수가 맞는지는 자명해질 것이다.

돈오는 출세간 진리인 3법인을 단박에 깨쳤다는 뜻이고, 점수는 돈오가 다섯 차례 반복하는 것이지 보살행이 아니다. 보살행은 명상으로 올바른 신구의를 쓰는 것, 즉 복덕을 쌓는 수행이다. 보조국사의 점수가 보살행이라면 돈오 후에도 보살행을 많이 해서 복덕을 쌓아야 성불한다고 설하면 간단한데 "얼음 못이 전부 물인 줄 알지만 따뜻한 기운을 빌려 녹여야 하고, 범부가 부처인 줄 깨달아도 법력으로 익히고 닦아야 하나니" 규봉 스님의 말씀을 빌려 돈오점수 해야 한다고 복잡하게 설명할 필요가 있겠는가? 물론 미흡한 점은 있다. 화습란태생에서 쌓은 50단계의 업식을 다섯 차례 반복해서 깨달아야 한다고 구체적으로 언급하지 않은 점이다.

나 자신도 두 번째 돈오할 때까지는 5번 반복하는지 알지 못했고 점수의 뜻도 알지 못했다. 본체심에서 백척간두 진일보 하여 반본환원 하고 세 번째 심우를 시작하면서 '아하! 반복하는구나!' 하고 알아차렸다. 아마 규봉 스님이나 보조국사도 반복해서 깨달았지만 50단계의 업식이 있음을 알아차리지 못했을 것이라고 생각한다.

성불은 한두 생에 이룰 수 있는 것이 아니기 때문에 국사가 다시 태어나면 나머지 깨닫지 못한 부분을 깨닫게 될 것이다. 뭔가를 이룬다는 것은 한두 생에 되는 것이 아니다. 부자 되는 것도 그렇고 권세를 휘어잡는 것도 그렇고 학자가 되는 것도 그렇다. 심지어 도둑놈도 쉽게 되는 것이 아니다. 하물며 인간에서 한 단계 승화하는 도를 이룸에 있어서야 두말할 필요 있겠는가.

원효 스님은 화엄종, 교종, 선종이 모두 통합돼야 한다는 통불교를 주장했고 보조국사普照國師도 경전과 선사의 어록을 인용하면서 합일점을 찾으려고 노력한 것을 보면 선교일치禪教一致다. 그렇지만 임제 어록은 한 번도 인용하지 않았다. 임제선은 선교일치가 되지 않기 때문이다. 이생에서 올바른 생각을 해야 다음 생에도 올바른 생각을 하게 된다.

내가 돈오점수가 부처로 승화할 수 있는 바른 길이라고 강력하게 주장하는 이유는 돈오점수가 경전의 내용과 일치할 뿐만 아니라 내가 돈오점수로 깨달았기 때문이다.

금강경에서는 첫 번째 돈오하면 수다원과, 두 번째 돈오하면 사다함과, 세 번째 돈오하면 아나함과, 네 번째 돈오하면 아라한과, 다섯 번째 돈오하면 부처님이라 설하고 있다. 금강경의 핵심은 다섯 차례 돈오에 의해서 4상을 완전히 여의고 적멸에 든다는 것이다.

금강경은 워낙 고전이라 군더더기가 많아 깨닫지 않고는 요지를 파악하지 못한다. 불교를 코끼리에 비유한다면 경전은 코끼리 털 하나하나를 글로 설명하고 있다. 그러다 보니 정작 코끼리의 실체는 없다. 석가모니가 직접 설한 말씀에다 오랜 세월 동안 후학들의 해오가 쌓였기 때문이다. 불교는 수행하여 몸소 깨달아야만 바르게 알 수 있다.

석가모니도 아라라 칼라라마 선인에게 첫 번째 돈오인 무소유처정에 이르는 길을 배웠고, 웃다카 라마풋다라는 스승에게서 두 번째 돈오인 비비상처정에 이르는 길을 배웠다. 이 두 분 스승을 제외하고는 그 당시 인도에는 아무도 없었으므로 석가모니 스스로 수행해서 세 번째 돈오인 공무변처정에 이르렀고, 네 번째 돈오인 식무변처정에 이르렀으며, 다섯 번째 돈오인 열반적정(멸진정)에 이르렀다.

첫 번째 돈오인 무소유처정이 되면 소아가 우주만큼 커져서 우주 전체가 나라고 느껴지면서 몸은 새털처럼 가볍고 하늘을 날 것 같은 희열이 마음 가득해서 세상의 그 어떤 부귀영화도 부럽지 않다. 정말로 행복하다. 두 번째 돈오인 비비상처정에 이르면 몸은 여전히 편안하지만 하늘을 날 것 같은 행복감이 좀 무덤덤해진다. 세 번째 돈오인 공무변처정에 이르면 열반적정, 제법무아, 제행무상의 3법인을 확실하게 깨닫지만 행복감은 그러려니 한다. 네 번째 돈오인 식무변처정에 이르면 호흡이 많이 죽는다. 호흡이 죽을수록 꿈도 차차 사라진다. 8시간을 자도 꿈을 꾸지 않는다. 또 인간을 볼 때 나하고는 다른 종種처럼 거리감이 느

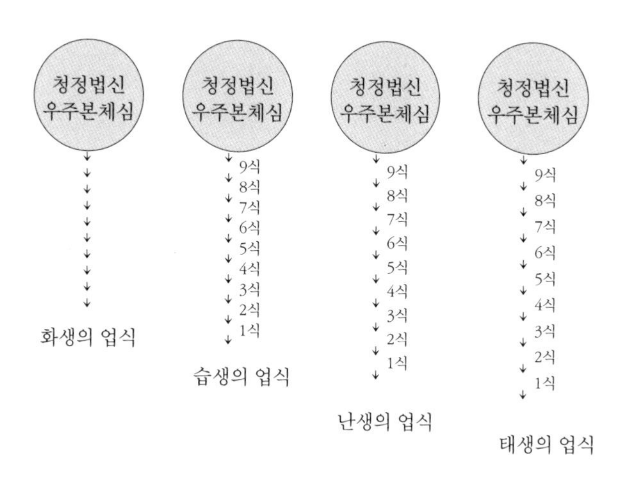

수다원의 의식구조

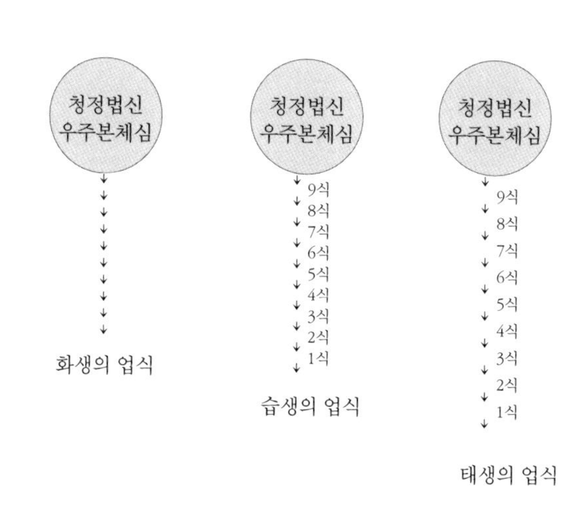

사다함의 의식구조

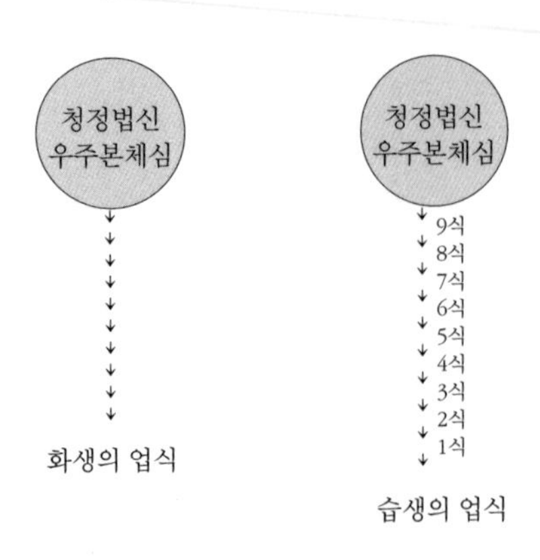

아나함의 의식구조

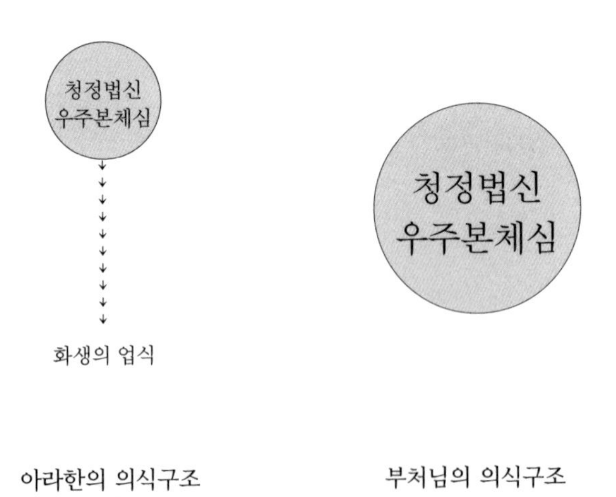

아라한의 의식구조 부처님의 의식구조

껴진다. 호흡이 완전히 죽어야 다섯 번째 돈오인 열반적정이다.

무소유처정, 비비상처정, 공무변처정, 식무변처정, 열반적정은 깨달음과 열반락을 5단계로 구분한 것이다. 깨달음과 열반락의 깊이와 느낌은 모두 다르기 때문이다.

돈오는 단박에 깨닫는다는 뜻이지만 돈오는 한두 마디 선문답이나 오도송으로 설할 수 있는 것이 아니다. 따라서 돈오점수가 맞다, 돈오돈수가 맞다며 논쟁만 하는 것은 정말 무의미 하고 쓸데없는 일이다. 그보다 중요한 일은 돈오가 무엇이며 점수가 무엇인지 정확하게 이해하는 것이고 나아가서 체험해서 깨닫는 것이다.

돈오는 3법인을 깨닫는 것이다. 3법인을 깨달으려면 9가지 업식을 소멸해야 한다. 9가지 업식을 소멸하면 무색(안이비설신) 무수상행식이다. 9가지 업식을 소멸하는 과정에서 인간의 내면에 대해서 깨닫는다. 인간의 내면 의식은 색(안이비설신)·수(감각식)·상(감성식)·행(이성식)·식(청정식)이 작용하고 있으며, 안이비설신은 눈귀코혀몸에서 작용하고, 수는 우뇌, 상은 좌뇌, 행은 뒤쪽뇌, 식은 정수리에서 작용하고 있음을 깨닫는다.

9가지 업식을 소멸하고 본체심(청정법신 비로자나불)과 일체가 되면 본체심의 체(열반적정)·상(제법무아)·용(제행무상) 3법인을 깨닫는다. 3법인을 깨달으면 4상이 소멸되면서 4바라밀이 드러나서 관념이 달라진다. 소아(업식과 불성)가 소멸됐으므로 열반이며 생사해탈이다. 소아가 소멸되면 중생심이 작용하지 않아 마음에는 갈등이 없고 평온하여 열반락을 얻는다. 열반락에 안주하지 않고 백척간두 진일보 해서 반본환원 하면서 불성을 깨닫는다. 불성을 깨달으면 견성이다. 여기 까지가 돈오다.

그렇다면 돈오 한 번이면 성불인가? 절대로 아니다. 다섯 차례 반복해야 한다. 그러므로 점수다. 점수는 돈오를 5차례 반복하는 것이다.

돈오를 다섯 차례 반복해야 하는 이유는 인간의 업식 10단계, 태생의 업식 10단계, 난생의 업식 10단계, 습생의 업식 10단계, 화생의 업식 10단계를 모두 소멸해야 하기 때문이다. 다섯 차례 돈오하는 동안, 즉 50가지 업식을 비워내는 동안은 끊임없이 윤회한다.

승화는 진화하고는 다르다. 진화는 화습란태생에서 인간으로 진화하면서 50단계의 업식을 쌓아온 것이고 승화는 50단계의 업식을 비워내고 본래 고향인 우주본체심으로 돌아가는 것이다. 업식을 쌓을 때 단계가 있었으므로 비워낼 때도 단계가 있다.

그러므로 석가모니처럼 성불하려면 50단계의 업식을 소멸하고 51단계(반본환원)에 이르고 51단계도 벗어나서 52단계에 이르러야 한다. 52단계에 이르면 다시는 윤회하지 않고 생사고해를 벗어난다. 52단계에 이르러야 호흡도 들이쉬고 내쉬는 경계가 없어져서 적멸이다. 이때 비로소 성불이다. 구체적으로 말하면 안식→이식→비식→설식→신식→수식(감각식)→상식(감정식)→행식(이성식)→식식(청정식)→본체심, 즉 눈→귀→코→혀→몸→우뇌→좌뇌→뒤쪽뇌→정수리→본체심으로 역행하기를 5번 반복해야 한다. 5번 반복하면 52단계다.

금강삼매경, 화엄경, 범망경 등에서도 보살 52위를 설하고 있다. 10단계까지를 10신, 20단계까지는 10주, 30단계까지는 10행, 40단계까지는 10회향, 50단계까지는 10지, 51단계에 이르면 정등각, 52단계에 이르면 묘각이다.

깨닫지는 못하고 불법을 논리로 해석하는 화엄종에서는 10신·10주·10행·10회향·10지 등으로 복잡하게 설명하지만 직접 깨달은 나는 돈오점수 한 마디로 간결하면서 명쾌하게 설명할 수 있다. 이론만 배운 사람과 직접 체험한 사람은 천지차이다. 10신·10주·10회향·10지가 각각 어떻게 다른지 애매해서 이해할 수 없지만 체험하여 깨달은 사람은 구체적으로 알기 쉽게 말한다. 정등각·묘각이 무엇인지는 알 수 없지만 돈오가 다섯 차례 반복하는 것은 누구나 쉽게 이해할 수 있을 것이다.

첫 번째 돈오에서는 팔만대장경의 핵심이 한 눈에 들어오지 않는다. 대장경에 대한 이해뿐만 아니라 호흡이 완전히 죽지 않는다. 들이쉬고 내쉬는 호흡의 경계가 확실히 있다. 돈오가 두 번 세 번 반복되면서 대장경의 핵심이 한눈에 들어오고 호흡도 더 깊이 더 깊이 죽는다.

과문한 탓인지, 옛 선사들 중에 돈오가 무엇이고 점수가 무엇인지 구체적으로 알기 쉽게 설명한 분을 만나지 못했다. 대부분 막연하게 돈오는 단박에 깨닫는 것이고 점수는 점점 닦는 보살행이라 했다. 점수는 보살행이 아니라 반야행이다.

돈오점수의 뜻도 바르게 설명하지 못하면서 돈오점수는 틀렸고 돈오 돈수가 맞다 고 주장하면 아주 큰 허물을 짓는 것이다. 돈오가 무엇이고 점수가 무엇인지를 올바르게 알아야 한다. 돈오점수의 올바른 뜻을 알아야 올바르게 정진할 수 있고 불법이 바로 선다. 불법이 바로 서기를 간절히 바란다.

언젠가 어느 절의 무차법회를 간 적이 있다. 깨달음을 얻었다는 선사의 아리송한 선문답을 보고 느낀 것은 '참 어처구니없다'였다. 말이라는 것은 소통하기 위해서 하는 것이므로 알아듣기 쉽게 명확하게 구체적으로 해야 하는 것이다. 나는 강력하게 항의하고 싶었다. 어떠한 길을 어떻게 걸어서 무엇을 어느만큼 깨달았는지 제발 알아들을 수 있게 말해달라고!!!

개구즉착이라며 임제식 선문답이 정석인 줄 아는 선사라면 내가 쓴 글을 보고 해오라며 폄하할지 모를 일이지만, 내 체험상 임제식 선문답으로는 선교일치가 될 수 없고 성불할 수도 없다. 임제선은 반쪽자리 선禪이다. 정혜쌍수 해야 하는데 선정만을 닦기 때문이다. 호흡만 다스리기 때문에 진리는 깨달을 수 없고, 깨달은 것이 없기 때문에 할!이나 외치면서 아리송한 선문답을 하는 것이다. 그것에서 벗어나야 한다. 대부분의 첨선수행자가 임제선을 하고 있지만 임제선으로는 성불할 수 없다는 것이 나의 확고한 생각이다.

제23강
불교의 구경 목표

불교가 추구하는 구경 목표는 행복한 삶이다. 인간 세상에서는 세간의 행복을 누리고 인간에서 한 단계 승화하여 부처가 되고 출세간 행복을 누리는 것이다. 세간적인 행복은 인간 세상에서 오복을 누리면서 행복하게 사는 것이고, 출세간 행복은 인간에서 한 단계 승화하여 열반락으로 사는 것이다. 세간적인 행복을 누리려면 지혜·위력·자비·대행의 4가지 복덕을 쌓아야 하고, 열반락을 누리려면 소아(불성과 업식과 중생심)를 소멸해서 인간에서 한 단계 승화해야 한다. 4가지 복덕을 쌓으면 성현이고 소아를 소멸하면 부처다.

4가지 복덕을 쌓아 상근기의 성현이 된 후에 참선수행을 해야 부처로 승화할 수가 있다. 4가지 복덕을 쌓지 않으면 소아에 대한 집착이 강해서 소아를 소멸하기 어렵기 때문이다. 소아에 대한 집착이 강하면 마음이 혼란스럽고 청정하지 못하여 쓸데없는 일에 관심을 쏟기 때문에 화두 참구에 집중할 수가 없다. 소아를 소멸하는 수행은 굉장한 집중력이 필요하다.

부처도 단박에 되는 것이 아니다. 50단계의 업식을 모두 소멸해야 하므로 업식이 소멸된 정도에 따라서 수다원, 사다함, 아나함, 아라한, 부처님 5단계의 부처가 있다.

경전은 인간에서 부처가 될 수 있는 길, 그리고 부처가 누구인지에 대해 설하고 있다. 그렇지만 경전은 석가모니 부처님이 직접 쓰거나 설한 경전이 아니다. 석가모니 시대는 문자가 발달하지 못한 시대였고 경전은 2,500여년이란 오랜 시간을 두고 수많은 후학들에 의해 석가모니 말씀을 토대로 덧씌워졌다. 그러다 보니 오류가 있게 마련이다. 또 표현방식이 추상적이고 체계적이지 않아서 한 구절 한 구절 읽고는 부처가 되는 길이 어떤 것인지 정확하게 알 수 없다.

과문한 탓이겠지만, 중국의 선사든 우리나라의 선사든 부처가 되는 길에 대하여 정의를 내린 사람을 보지 못했다. 8정도나 보시·지계·인욕·정진·선정·지혜 6가지 덕목의 실천을 주장하는 정도다. 8정도와 6가지 덕목을 실천한다고 성현이 될 수도 없고 부처가 될 수도 없다.

지혜·위력·자비·대행을 실천해야 성현이 되고, 50단계의 업식과 불성을 소멸해야 부처가 된다. 부처는 의식구조 자체가 인간과는 다르다. 인간은 50단계의 업식이 있어 탐진치심으로 살지만 부처는 50단계의 업식이 소멸돼서 본체심(4바라밀)으로 산다. 본체심으로 살려면 50단계의 업식이 소멸되어 생사해탈하고 윤회로부터 벗어나야 하고 3법인을 깨달아 4바라밀이 드러나야 한다. 본체심으로 사는 부처의 마음을 아뇩다라삼먁삼보리심이라 한다.

보리심이 있으면 치심에 대한 집착이 사라지고, 치심에 대한 집착이 사라지면 탐심에 대한 집착도 사라지고, 탐심에 대한 집착이 사라지면 진심에 대한 집착도 사라진다. 치심과 탐심과 진심에 대한 집착이 사라지면 잡념망상도 일어나지 않는다. 탐진치심이 사라지면 마음이 안정돼서 파란심이 일어나지 않으며 근심걱정도 없으며 죽음에 대한 불안공포도 없어서 마음이 평화롭고 절로절로 즐겁다. 뿐만 아니라 현실적인 문제들은 반야지혜(4바라밀)로 잘 해결해 나간다.

소아를 소멸해서 탐진치심이 사라지고 아뇩다라삼먁삼보리심으로 사는 부처가 불교가 추구하는 구경 목표이다. 입은 옷까지 벗어주고 알몸을 감추기 위하여 땅을 파고 서 있는 현실감각 없는 지장보살처럼 자기를 희생하는 것이 불교가 추구하는 구경목표가 아니다. 나의 업이 태산 같고 나의 4상이 태산 같은데 남을 위하여 희생만 할 수 있겠는가, 내 문제부터 해결하는 것이 순서다. 비심悲心으로만 가득한 지장보살은 성불할 수 없다.

누군가를 도와주는 것도 홀로 설 수 있도록 근본적이고 창의적으로 도와줘야 하는 것이지 대책 없이 주기만 한다고 문제가 해결되는 것이 아니다. 자신이 먼저 인간에서 한 단계 승화한 부처가 되고 부처로 승화할 수 있도록 하화중생하는 것이 최상의 자비며 최상의 보시다.

자신이 불자라고 생각한다면 무언가를 갈구하여 절하고 기도만 하지 말고 자신의 마음을 청정하게 지혜롭게 가꾸어가는 4념처 수행부터 시작해서 5계를 지키고 지혜·위력·자비·대행의 4가지 복덕을 쌓아야 한다. 자신의 마음을 청정하게 다스려 자신의 마음속 깊이 태양같이 빛나는 양심(불성)을 속이지 않고 지혜로운 생각을 하면 저절로 복과 덕이 쌓여서 행복한 삶을 살 수 있다.

살아서도 나의 스승, 죽어서도 나의 스승, 다시 태어나도 나의 스승, 영원한 나의 스승인 석가모니, 석가모니의 훌륭한 가르침이 온 세상에 널리 펴서 온 세상이 평화롭기를, 온 세상이 행복하기를 바라는 마음 간절하다.

제24강
자식의 도리

부모와 자식의 관계는 팔천 겁을 쌓아온 깊고 깊은 인연이다. 부모의 하룻밤 육체적인 쾌락으로 자식이 생겨난 줄 알지만 그것이 아니다. 육체를 벗어난 영혼이 팔천 겁을 이어온 부모 밑에 태어나려고 기회를 보다가 부모가 합방하는 순간에 잉태하여 한 인간으로 태어난다. 정혼이라는 근원적인 생명이 부모의 몸을 빌려 생존해가는 것이다. 자식이 태어나려는 의지가 있었기 때문에 태어나게 된 것이다. 그러니까 이 세상에 태어난 책임은 부모가 아니라 자식에게 있다.

자식은 부모의 육체만 받았을 뿐이므로 엄밀히 따지면 부모와 자식은 남남이다. 전생의 업이 모두 저장된 자식의 정혼이라는 근원적인 생명은 부모가 줄 수 없는 것이다. 자식은 부모의 분신이 아니라 인연으로 만난 인간관계이다.

부모와 자식의 인연은 화생의 삶이 시작되면서 인간이 될 때까지 팔천 겁 동안 만나고 헤어지기를 반복하여 현재의 내 부모와 내 자식이 된 것이다. 헤아릴 수 없이 오랜 세월 동안 쌓아온 인과 때문에 부모와 자식의 인연은 벗어나려고 해도 쉽게 벗어날 수가 없다.

부모가 되었다가 자식이 되었다가 손자가 되었다가 윤회하면서 인연 따라 돌고 돌지만 어쨌거나 부모처럼 고마운 존재는 없다. 부모가 없으면 지붕 없는 집에서 사는 것과 같지만 부모가 있어 비바람을 막아주고 키워주고 가르쳐주고 삶의 지혜를 가르쳐준다. 걷지도 못했던 어린 시절 여린 손을 잡아주던 따뜻한 손길이 없었다면 오늘의 나는 없을 것이다. 부모의 은혜는 하늘 같고 바다 같다.

이런 말이 있다. '최고 부자는 부모가 있는 사람이고 최고 가난한 사람은 부모가 없는 사람이다.' 사실, 부모가 있어 키워주고 지켜주고 가르쳐주었으니 좋은 배우자를 만나게 되고 따라서 자식을 잘 가르칠 수 있어서 3대까지 행복한 삶을 살 수 있는 것이다. 행복할 수 있는 근원이 부모가 있기 때문이다. 부모는 나름대로 잘 해준다고 해도 자식은 서운한 것만 기억하는 이기적인 존재지만, 자식은 부모의 은혜를 입고 자란 사실만은 부정할 수 없을 것이다.

부모는 자기 분신인 줄 알고 애지중지 목숨처럼 아끼면서 먹이고 입히고 가르치고… 그러다 보면 어느새 자식은 성장하여 결혼을 하고 부모는 늙고 병들어 힘없는 노인이 된다.

노인이 되면 4가지 고통이 있다. 가난하고 무료하고 병들고 고독하다. 4가지 고통을 감내해야 하는 노인은 사는 즐거움이 없다. 무엇보다도 일선에서 물러나면서 오는 경제력 상실 때문에 힘없는 존재가 되어 버렸다는 무력감으로 우울하다. 또 배우자와의 사별 등으로 혼자 남겨진 외로움을 달래야 하고 자녀의 무관심은 소외감과 서운함으로 마음에는 병이 들고 신체도 늙어 병이 든다. 노년기는 인생이 고해임을 뼈저리게 깨닫는 시기다.

그렇지만 행복한 순간이 있다. 꽃보다 이쁜 것이 자식이라, 자녀들, 손자손녀들과 함께 할 때다. 어쩌다 한두 번이라도 좋은 추억도 만들고 자녀들과 함께하고 싶은 게 부모의 마음이다. 부모는 성장한 자녀, 손자손녀들을 보고 열심히 살아온 보람을 느끼면서 행복해 한다. 부모와 자식도 얼굴을 마주보고 함께 있어야 소통할 수 있으며 부모가 평생 동안 터득한 생활의 지혜며 삶의 지혜도 배울 수 있다. 부모는 인생의 선배며 멘토다.

함께할 수 없다면 한 달에 한두 번이라도 따뜻한 안부전화라도 드려서 말로나마 함께할 수 있어야 한다. 호의호식을 바라는 게 아니라 자식의 따뜻한 관심을 바라는 것이다. 자식은 부모를 잊어도 부모는 자식을 향한 애틋한 정을 잊지 못하여 항상 자식을 그리워한다. 부모와 자식이 상생을 하지 않는다면 어느 누구와 상생을 한단 말인가. 부모와 자식, 형제지간에 관심도 없고 연락도 하지 않는다면 남남과 다를 것이 없다.

자식도 머지않아 늙은 부모가 될 터인데 그때서야 그 부모의 서글픔을 이해하려나? 그 때는 이미 부모는 돌아가시고 안 계실 터인데… 돌아가신 후에 제사지내지 말고 살아계실 때 부모에 대한 따뜻한 마음을 전해야 한다. 진수성찬 차려놓고 제사 지내는 것보다 살아계실 때 자식의 따뜻한 안부전화, 따뜻한 말 한마디, 용돈 조금이 부모의 마음을 행복하게 한다. 호의호식보다 부모를 행복하게 하는 것이 효도다.

요즘엔 학사·석사·박사보다 더 높은 학위가 있는데, 스스로 감사하고, 친구에게 밥 사고 친구의 고민을 들어주면서 술사고, 사회를 위해 봉사하는 감사·밥사·술사·봉사란다. 아주 좋은 현상이다. 그렇지만 감사, 밥사, 술사, 봉사의 우선순위는 부모다. 4가지 고통을 안고 살아야하는 늙은 부모는 자식이 보살펴야 하는 약자 일순위다. 팔천 겁의 인연을 이어온 부모 자식의 지중한 인연을 위해 감사, 밥사, 술사, 봉사를 해야 한다.

지혜로운 사람은 인연을 소중하게 생각한다. 첫째로 소중한 인연은 화생의 삶이 시작될 때부터 팔천 겁 동안 이어진 부모와 자식의 인연이고, 둘째는 오백생의 연으로 부부가 된 인연이고, 셋째는 형제자매의 인연이고, 넷째는 가르쳐주신 스승의 인연이며, 다섯째는 좋은 친구와 좋은 이웃의 인연이다. 가장 오래 이어진 인연이 소중한 인연이다. 가장 소중한 인연부터 감사, 밥사, 술사, 봉사해야 한다. 오래된 인연은 내생에서도 이어지기 때문이다.

자식이 늙은 부모 부양하는 것은 도덕적인 책임뿐만 아니라 법적으로도 책임이 있다. 따라서 부모를 부양하지 않는 것은 도덕적으로나 법적으로 죄인이라는 뜻이다. 부모를 홀대하고도 당당하게 사는 사람들이 허다한 세상이고 보면 제대로 된 세상은 아닌 것 같다. 효도까지는 못할지라도 기본적인 예의라도 지켜야 한다.

애틋한 마음과 정성으로 키운 자식이 결혼해서 분가했다고 부모를 만나지도 않고 전화도 하지 않고 관심조차 없다면 자식 낳아 키울 이유가 없어진다. 자식에게 이런 푸대접 받으려고 그 많은 고통을 참고 견디며 키우고 가르쳤던가, 인생에 대한 회의와 분노를 느끼게 된다. 시간이 없어서 못한다는 말은 핑계다. 시간이 없어서가 아니라 마음이 없어서다. 일분일초도 시간이고 하루 종일 시간이고 일 년 내내 시간이다. 시간은 내면 되는 것이다.

어떤 인간관계든 마음과 말과 행동과 물질로 주고받는 관계다. 준 만큼 바라는 게 인지상정이다. 그러나 부모는 물질과 사랑으로 자식에게 주기만 한다. 죽을 때까지 주고 싶은 게 부모의 마음이다. 그렇지만 부모도 사람인지라 힘들고 외로울 때는 자식의 따뜻한 정이 그리운 법이다. 한두 가지는 자식에게 받고 싶은 법이다. 부모에게 만 가지를 받았으면 한두 가지는 돌려드리는 게 자식의 도리다.

자식이 늙으면 부모 되는 법, 부모님 살아계실 때 어려운 시대적 환경에서도 키워주시고 가르쳐주심에 진심으로 감사드려야 한다. 부모가 하는 것보고 내 자식이 배운다. 내 자식에게 어렸을 때부터 부모에 대한 예의와 책임, 자식의 도리를 가르쳐야 한다. 학교 교육도 지나치게 출세 지향적이다. 인간의 기본적인 도리부터 가르치는 교육이어야 한다.

부모와 자식은 은혜를 갚는 인연이 있고 원한을 갚는 인연이 있으며 빚을 갚는 인연이 있고 빚을 되찾는 인연이 있다. 부모에 대한 효도는 복을 짓는 것이고 불효는 빚을 지는 것이다. 부모와 자식은 돌고 돌기 때문에 부모에게 효도하면 다음 생에도 좋은 부모와 자식을 만나지만 불효하면 좋은 부모와 자식을 만나지 못한다. 부모를 아주 업신여기면 다음 생에는 부모 없는 고아가 된다. 선인선과 악인악과, 뿌린 대로 거둔다. 세상만사 인과응보 아님이 없다.

부처님이 설하신 부모은중경이 있다. 엄밀히 말하면 어머니에 대한 10가지 은혜다. 한 생명이 탄생하려면 어머니는 열까지 고통을 감내하는 희생을 하지 않으면 안 된다. 어머니의 은혜를 잊지 말아야 한다.

첫째 회탐수호은, 잉태하시고 지켜주신 은혜

둘째 임산수고은, 출산의 고통을 감내한 은혜

셋째 연고토감은, 쓴 것은 삼키고 단 것은 뱉어 먹여주신 은혜

넷째 생자망우은, 자식 낳고 근심을 잊은 은혜

다섯째 회건취습은, 진자리 마른자리 가려 누이신 은혜

여섯째 유포양육은, 젖 먹여 길러주신 은혜

일곱째 세탁부정은, 손발이 다 닳도록 씻어주신 은혜

여덟째 원행역임은, 먼 길 떠날 때 걱정하신 은혜

아홉째 위호악업은, 자식 위해 나쁜 일까지 서슴치 않는 은혜

열째 구경연민은, 끝까지 불쌍히 여기고 사랑해 주시는 은혜

부모에 대한 효도는 인격의 척도다. 부모를 대하는 태도를 보면 그 사람의 인격을 알 수 있다. 부모에 대한 불손과 불효는 곧 배은망덕이다. 부모의 은혜를 모르는 사람이 다른 사람의 은혜를 알 리 없다. 인격이 하격이다. 인격이 형편없는 사람이 성공할 리도 없다.

'자기 부모를 섬길 줄 모르는 사람과는 벗하지 말라. 왜냐하면 그는 인간의 첫걸음을 벗어났기 때문이다.'

_*소크라테스*

제25강
조계종의 종조 불일 보조국사

한국의 불교는 종파가 많다. 조계종, 태고종, 천태종 등등 종조의 깨달음의 깊이와 사상에 따라서 가르침이 달라진다. 한국 불교를 대표하는 종파는 조계종曹溪宗이다. 조계종은 누가 어떠한 깨달음과 사상으로 일으킨 종파인지 알아야 한다. 조계종의 종조는 불일佛日 보조국사普照國師이다. 국사의 비문에 새겨진 생애와 사상을 살펴보자.

국사의 속성은 정씨며 법명은 지눌知訥, 만년에 스스로 부른 호는 목우자牧牛子, 불일 보조국사는 국가에서 존중하는 뜻으로 드린 시호다. 아버지 광우는 국학학정(국립대학 교수에 해당) 어머니는 개흥군 부인 조씨였으며 황해도 서흥군에서 탄생, 때는 고려 제18대 의종 12년(1158)이었다.

어려서 병이 많아 여러 가지 약을 썼지만 아무 효험이 없어서 부모는 절실한 마음으로 불전에 나아가 "만일 아들이 병이 나으면 부처님께 출가하도록 하겠나이다" 하고 발원했는데 신기하게도 어린아이의 병이 완쾌됐다. 그러나 총명한 아들에 대한 애착은 어린 아들을 부모의 품에서 떼어 절로 보내기 어려웠다. 그럴 즈음 얼마 안 가서 병이 재발했고, 역시 의약으로는 치료가 되지 않았다. 당황한 부모는 다시 부처님께 발원했는데 병이 차도가 있었고 이어 완쾌하기에 이르렀다. 부모는 아이가 불법과 인연이 지중함을 깨닫고 할 수 없이 평소부터 친숙한 구산선문 가운데 사굴산계에 해당하는 종휘 선사 앞으로 출가시켰다. 이때 국사의 나이는 8세 또는 16세였다. 몸이 약해서 8세부터 절에 가서 요양을 하다가 16세에 출가했을 것으로 추측된다.

국사는 일정한 스승이 없이 도가 있는 이면 다 따라가 배웠으며 선문의 선지식들을 두루 찾았다. 6조의 『단경』을 스승으로 삼았고 대혜종고 선사의 『서장』을 벗했다고 한다. 국사의 가르침과 종풍은 무기력하고 퇴폐했던 당시 불교계에 청량제로서 크게 풍미하였고 만고의 진리가 되었다.

국사의 나이 25세에 국가고시인 선종승과에 합격했다. 국왕은 덕망이 높은 대덕 가운데서 왕사 또는 국사를 추대하여 국정최고회의에 참여시켜 국왕의 최고자문에 응하게 했다. 따라서 대선大選에서의 입선은 승려사회에 있어서 출세의 관문이 되었고 선망의 대상이었다. 그 당시 불교계는 명리와 출세를 위한 탐

송광사 국사전의
보조국사 영정

욕 추구에 급급하여 심한 타락상을 보여주고 있었다. 그러나 국사는 출세의 관문인 대선에 급제했지만 교계의 현실을 크게 개탄하고 납자의 본분을 찾아 10여 명의 동지들과 함께 은둔수증隱遁修證에 들어간다.

명종 12년, 송도 보제선사에서 거행된 담선법회에서 만난 10

여 명의 동지들과 함께 명리를 버리고 산 속에 숨어서 선정을 닦고 혜를 밝히며 예불하고 경을 읽고 운력에 이르기까지 바르게 수행하기로 정혜결사했다. 승과에 합격하면 2년, 3년 지나가면 대덕, 대사로 자연히 진급하지만, 이에 집착하는 것은 명리에 떨어지는 것이라 꾸짖고 청원사(전남 나주)에 머물면서 선정을 깊이 닦았으며 『육조단경』을 열람했다.

28세에는 경북 하가산 보문사(예천)에 머물면서 대장경을 열람하다가 "여래 지혜가 중생 몸 가운데 다 갖추어 있지만 범부가 어리석어 알지 못할 따름이다"고 한 『화엄경』 여래출현품과 이통현 장자의 『화엄론』 가운데 "몸뚱이는 마음의 그림자, 마음이 맑으면 그림자도 맑으며 모든 경계가 다 그러하다"고 한 대목에서 선과 교는 둘이 아니고 선교일치임을 사무쳐 깨달았다. 이는 뒷날 원효 대사의 통불교 사상을 이은 종지가 되었다. 28세 가을부터 33세 봄철까지 5년 동안 보문사에서 교와 선을 총망라하여 사무쳐 성취하였다.

33세에 예전 결사동지들의 간청으로 공산 거조사(대구 팔공산)에 옮겨 몇몇 동지들과 함께 정법을 중흥하고자 정혜쌍수의 정진에 전념했다. 그 뒤 40세 되던 봄에는 3~4명과 함께 지리산 상봉 상무주암에 올라가 일체의 외연을 끊고 참선에 열중했다. 국사는 43세 이후에는 조계산 송광사로 옮겨 도제양성에 전력했다. 이때 수백 명이 발심하여 구름처럼 모여들었다. 참선 정진하고 관심 수도하는 종풍이 크게 일어나 말법시대에 보기 드문 일이었다고 한다. 그 가운데 많은 사람들이 선정의 힘을 얻어 임종할 때 앉아서 입적한 좌탈입망을 보였다고 한다.

특히 장성현 백암사 승려 성부는 본래 명 목공이었는데 국사의 법을 듣고 발심하여 그의 손으로 수선사를 지었다. 송광사에 있는 수선사는 신라 때에 창건한 길상사의 폐사 자리였는데, 팔공산 청량굴에서 정진할 때는 3~4명이었던 대중이 점차 늘어나 100명이 넘으면서는 팔공산의 도량으로는 수용할 수 없기에 이르렀다. 더욱 큰 도량을 물색하던 중 이곳 수선사가 경관이 좋고 물맛이 좋아서 적지로 판단되어 9년간에 걸친 대공사 끝에 지금의 송광사보다 더욱 큰 규모였으리라 생각되는 대가람으로 중창되었다.

이때 그 지역의 거부 안일 거사는 크게 발심하여 술, 고기, 오신채를 끊고 반야심경을 열심히 독송했으며 백금 열냥을 공양했고, 부자는 재물로 가난한 이는 노력으로 대 사찰을 세웠다는 기록이 있다. 왕은 이 소식을 듣고 크게 감동하여 120일의 경축 법회를 열도록 했고, 조계산 수선사의 액자를 손수 써서 보내왔다. 조계산은 국사가 지은 이름이다.

국사는 수선사에서 본격적인 도제교육과 설법교화 등 11년간의 전법생활을 시작한다. 때로는 법문을 하고 참선을 가르치며 안거, 율법준수 등을 통해 교화를 펴신 지 얼마 안 되어 국사의 도법을 배우고자 승속의 학인들이 사방에서 그름처럼 모여들었다. 이처럼 명예와 지위를 버리고 오로지 불법을 닦아 깨달음을 성취하는 데만 전념하는 참 종풍을 크게 떨쳤다.

국사는 도에 자재했으며 칭찬하고 헐뜯는 일에 흔들림이 없었고 인욕과 자비로 도제들을 지도하여 어머니가 어린 자녀들을 돌보듯 했다. 또 국사는 일상의 행동거지와 위의를 엄정하게 지켰으며 우행호시의 위인의 격이었고, 홀로 있을 때도 많은 사람들과 함께할 때처럼 경건했으며 대중과 함께 운력하는 일에도 솔선했다. 이것은 다 비문에 기록되어 있는 내용이다.

국사는 『금강경』을 소의경으로 지송하도록 권했고, 『육조단경』, 『화엄론』, 『대혜어록』을 마음을 밝히는 거울로 삼았다. 또 실천수행 방법으로는 정혜쌍수 성적등지문, 돈오점수문, 활구경절문의 세 가지 길을 열어서 학인을 지도하였다.

국사의 나이 67세 법랍 52세 희종 6년 2월, 돌아가신 어머니의 천도를 위한 법회를 베푸신지 한 달이 채 안 되었을 때였다. 사중에게 말씀하셨다. "내가 이제 이 세상에 머물러 설법할 날이 며칠 남지 않았노라. 각자 열심히 노력하라." 그 뒤 1210년 3월 20일 병을 보이시더니 27일에 입적하셨다.

입적하시기 하루 전날에 목욕하고 새벽에 시자에게 물으셨다. "오늘이 며칠이냐?" "스무 이레입니다." 국사는 곧 일어나 세수하고 법복을 정장한 뒤 이렇게 말씀하셨다. "이 눈은 조상으로

부터 받은 눈이 아니며 이 코가 조상으로부터 받은 코가 아니며 이 입이 어머니에게 받은 입이 아니다" 하시고는 법고를 울려 대중을 모이게 했다. 그리고 향을 사르고 예불한 뒤 법상에 올라 평일처럼 문답하셨다. "산승의 목숨이 오로지 대중의 손에 있노라. 찢든지 자르든지 대중에게 맡기노니 힘줄 뼈도 다 나올 것이다" 하고 다리를 펴서 상 위에 얹고 청중의 물음에 따라 대답하는데 조금도 장애가 없으셨다.

그때 마지막으로 물은 어느 승려와의 대답은 이러하다. "옛날 유마거사가 병을 보인 것과 오늘 조계의 병환 보이심이 같습니까, 다릅니까?" "그대는 이제까지 같은 것 다른 것만 배워왔는가" 하고 주장자를 세 번 치신 뒤 "천 가지 만 가지가 다 이 가운데 있도다", 이 말씀을 마지막으로 주장자를 상에 놓으신 뒤 법상에 앉으신 그대로 입적하셨다. 과연 여법한 조사의 열반이었다. 문도들은 향로를 차리고 7일 동안 예배했는데 안색은 생시와 다름없었다. 다비를 모셔 유골을 건지니 큰 사리 30과에 작은 사리는 무수하였으며, 절 북쪽에 모셨다. 왕은 불일 보조국사라 시호했고 탑을 감로탑이라 명명했다.

내가 송광사 하기 참선수련회에 참가했을 당시(1981년)에는 일주문 안에 보조국사가 세운 고향수枯香樹가 서 있었다. 800년이 흘렀는데도 삭아 내리지 않고 마른 향나무가 돌무더기 위에 곧게 서 있었고 팻말에는 아생여생我生如生 아사여사我死如死라고 써 있었다. 팻말의 뜻은 국사가 다시 태어나면 고향수도 살아나고 국사가 죽으면 고향수도 죽는다는 뜻이다. 고향수가 다시 살아날지는 모르지만 국사가 다시 태어나면 국사의 혼이 깃든 나무이기 때문에 스스로 알아보고 윤회한다는 진리를 확신하게 될 것이므로 매우 중요한 이정표다.

송광사의 고향수

그런데도 국사의 객기쯤으로 생각했는지 지금은 돌무더기도 팻말도 사라지고 고향수만 덩그라니 외롭게 서 있다. 옛 모습 그대로 두었으면 하는 아쉬움이 남는다. 쇳덩이도 800년 동안 세워두면 삭아내려 형체도 없을 것이다. 향나무를 800년 동안이나 세워뒀는데도 그 모습 그대로라면 천년이라도 보존했어야 했다. 구시대의 잘못된 인식은 빨리빨리 버려야하겠지만 국사의 소중한 발자취는 소중히 간직했어야 했다.

고향수에 대한 이야기

고향수枯香樹는 순천 송광사의 우화각 앞에 서 있는, 키가 6,7미터 정도인 말라 죽은 향나무이다. 이 나무를 심은 사람은 조계종의 종조이신 보조국사 지눌 스님이다. 고려 명종 30년(1200), 스님이 처음으로 송광사에 왔을 기념으로 심은 나무다. 그때는 잎과 가지가 무성한 채 살아 있었다. 세월이 흐르고 1210년 3월 27일 이른 아침,

너와 나는 생사를 같이 하리니
내가 떠나면 너도 그러하리라
다음 날 내가 다시 태어나
너의 잎이 푸르게 되면

나 또한 그런 줄 알리라

이런 시를 지어놓고 입적하셨다. 그런데 기특한 일이 생겼다. 잘 자라던 향나무가 말라 죽어간 것이다. 대중들은 효자 나무라고 감탄하며 칭송했다. 스님이 입적하신 지 800여년이 지났지만 향나무는 썩지 않고 옛 모습 그대로 우뚝 서 있다. 한 번 말라 죽은 나무에는 이끼와 버섯이 자라면서 썩어가는 것이 당연한 이치인데 800년 동안 변함없이 옛 모습 그대로 서 있다.

어느 날 한 관광객이 이 고향수를 보고 희한하다는 듯이 말했다. "이상하네요. 내가 40년 전에 송광사에 왔을 때 여기 이렇게 서 있더니 지금도 변함없이 그대로이군요. 참으로 신기합니다."

40년 전이 아니라 지금부터 250여 년 전(1751) 조선 영조 때 이중환이란 분이 쓴 『책리지』에 "송광사 종고루 앞에 누각이 있고 그 앞에 한 그루 나무가 있는데 고려시대 보조국사께서 돌아가실 때 말씀하시길 '이 나무는 내가 간 뒤에 반드시 마를 것이며 만약 다시 가지와 잎이 피어나면 내가 다시 환생한 줄 알아라' 하였는데 지금 반 천년이 되어도 살아나지는 않았지만 사람들이 칼로 껍질을 긁으면 안쪽은 촉촉하여 생기가 있다. 만약 참으로 죽었다면 반드시 썩어 넘어졌을 텐데 지금까지 항상 꼿꼿이 서 있으니 참 괴이한 일이다"라고 쓰여 있다.

아마도 그 관광객이 40년 뒤에 또 오더라도 고향수는 그 모습 그대로 있을 것이다. 어느 날 송광사를 방문한 노산 이은상 선생이 옛 송광사 주지였던 인암 스님과 고향수 앞에서 누가 시조를 더 멋지게 짓나 내기를 했다고 한다. 먼저 노산 이은상이 운을 뗐다.

어디메 계시나요 언제 오시나요
말세창생 뉘 있어 건지리이까
기다려 애타는 마음 임도 하마 아시오리

그 시조에 화답한 인암 스님의 시다

살아서 푸른 잎도 떨어져 가을인데
마른 나뭇가지 앞에 산 잎 찾는 이 마음
아신 듯 모르시오니 못내 야속하여라

"사람들은 이 나무가 살아나 잎이 돋고 꽃이 피는 날이면 지눌 스님이 다시 환생하여 이 도량에 오실 것이다"라는 믿음이 생겼고, 송광사 스님들은 보조국사와 향나무를 하나로 보아 끔찍이 아꼈었다. 그러나 순수한 믿음은 과거의 일이고 지금은 고향수도 자리를 옮겨서 옛 모습 그대로는 아니다. 옛 모습 그대로 보존했어야 했는데 정말 안타까운 일이다.

여의주
1981년 한국 사회는 공포스러웠고 혼란스러웠다. 게다가 개인적인 불행까지 겹쳐 나의 삶은 불안하고 힘들었다. 걷잡을 수 없이 흔들리는 내 마음을 부처님의 가르침에 의지하고 싶었다. 방황을 거듭하다 1981년 8월 송광사 하기참선수련회에 참가하게 되었다. 37세 때의 일이다. 4박 5일 수련회의 짧은 기간이었지만 신기한 선 경험과 마음의 변화, 몸의 변화를 체험했다. 내가 찾고 있던 무언가를 찾은 듯 희열감으로 가득했다. 수련회를 마치고는 고 구산스님의 지도를 받으며 '이, 뭣고' 화두에 전념했다. 35년여가 흐른 지금은 인간의 내면에 대해서 깨달을 수 있었다.
나의 글 하나하나는 내가 직접 체험하고 느끼고 깨달아서 쓴 글이다. 순수한 영혼의 소유자가 나의 글을 읽고 행복한 삶을 살았으면 하는 바람이다.

사념처 명상과 참선수행

초판 1쇄 인쇄 2014년 7월 10일 | **초판 1쇄 발행** 2014년 7월 16일
지은이 여의주 | **펴낸이** 김시열
펴낸곳 도서출판 운주사
(136-034) 서울시 성북구 동소문로 67-1 성심빌딩 3층
전화 (02) 926-8361 | **팩스** 0505-115-8361
ISBN 978-89-5746-383-3 03220 값 10,000원
http://cafe.daum.net/unjubooks <다음카페: 도서출판 운주사>